MARCO ⊕ POLO

RHODOS

W0060207

Reisen mit
Insider-Tips
Diese Tips sind die ganz speziellen
Empfehlungen unserer Autoren.
Sie sind im Text gelb unterlegt.

Sechs Symbole sollen Ihnen
die Orientierung in diesem Führer erleichtern:

für Marco Polo Tips – die besten in jeder Kategorie

für alle Objekte, bei denen Sie auch eine schöne Aussicht haben

für Plätze, wo Sie bestimmt viele Einheimische treffen

für Treffpunkte für junge Leute

(**A 1**)
Koordinaten für die Übersichtskarte

Die Marco Polo Route verbindet die schönsten
Punkte von Rhodos zu einer Idealtour

Diesen Führer schrieb Christine Tsolodimos,
die lange in Griechenland gelebt hat und jetzt
als Journalistin in Hamburg arbeitet.
Die Marco Polo Reihe wird herausgegeben
von Ferdinand Ranft.

MAIRS GEOGRAPHISCHER VERLAG

MARCO ⊕ POLO

Für Ihre nächste Reise gibt es folgende Titel dieser Reihe:

Die Marco Polo Redaktion freut sich, wenn Sie ihr schreiben:
Marco Polo Redaktion, Mairs Geographischer Verlag
Postfach 31 51, D-73751 Ostfildern

Unsere Autoren haben nach bestem Wissen recherchiert. Trotzdem schleichen sich manchmal Fehler ein, für die der Verlag keine Haftung übernehmen kann.

Titelbild: Mandraki, Hafen (IFA Bilderteam/Eich)
Fotos: Baumli (18, 24, 41, 42, 60, 62)/ Bötig (68)/ Mauritius: Bartel (10, 53, 56, 75, 84, 87),
Edmanson (4), Pigneter (66), Rawi (28), Schuster (59), Spectrum (55),
Vidler (36, Umschlagklappe vorn), Wesche (82)/ Touristik-Marketing (32, 35)/
Transglobe: Sommer (22)/Tsolodimos (9, 13, 72, 77, 90)
5., aktualisierte Auflage 1996
© Mairs Geographischer Verlag
Lektorat: Marianne Menzel
Gestaltung: Thienhaus/Wippermann (Büro Hamburg)
Kartographie: Mairs Geographischer Verlag, Hallwag
Sprachführer: in Zusammenarbeit mit Ernst Klett Verlag für Wissen und Bildung GmbH,
Redaktion PONS Wörterbücher

Printed in Germany
Gedruckt auf 100% chlorfreiem Papier

INHALT

Entdecken Sie Rhodos!

*Schöner als die Sonne, hieß der Werbeslogan der Antike —
und auch heute noch strahlt sie 270 Tage im Jahr*

Fast wäre Helios, der Sonnengott, leer ausgegangen. Als Göttervater Zeus die Welt aufteilte, war er nämlich nicht da, auf Dienstreise sozusagen, zwischen Osten, wo die Sonne morgens rosig hinter einem Bergrücken aufsteigt, und Westen, wo sie abends als dicker, saftiger Pfirsich ins Meer plumpst. Aber Helios hatte Glück: Am nächsten Tag entdeckte er auf seiner Reise, frisch aus dem Meer getaucht, eine grüne Insel — Rhodos. Seitdem, so sagt man, heißt sie die Insel des Lichts.

270 Sonnentage im Jahr! Ist es ein Wunder, daß aus dem kühlen Mitteleuropa jedes Jahr immer mehr Menschen nach Rhodos kommen? Rhodos ist und bleibt eines der beliebtesten Ferienziele. Und dabei ist es — man wagt es kaum hinzuschreiben — immer noch eine unbekannte Insel. Denn Rhodos steht ja nicht nur für Faliráki mit seinen klotzigen

Von altersher mischen sich in Rhodos Epochen, Kulturen und Menschen — der Besucher spaziert durch Vergangenheit und Gegenwart

Ferienhotels. Die viertgrößte griechische Insel ist mit ihren knapp 1300 Quadratkilometern fast so groß wie Gran Canaria, eine andere Favoritin unter den Ferieninseln. Und Faliráki ist nur ein Punkt auf der Landkarte.

Rhodos oder genauer: Rhodos-Stadt heißt auch der Hauptort der Insel. Rund 55 000 Einwohner, Provinzhauptstadt des Dodekanes, der nicht, wie der Name glauben macht, aus 12, sondern aus rund 200 Inseln und Inselchen besteht, bewohnten und (in der Mehrzahl) unbewohnten. Rhodos-Stadt ist vor allem ein quirliges, pulsierendes Etwas, das den Neuankömmling mit seinen Widersprüchen erschlägt. Eine Altstadt mit Denkmälern aus drei Jahrtausenden, die dabei aber gar nichts Museales an sich hat, und drumherum wuchernder Beton; gemütliche Spezialitätenlokale neben Fastfood-Baracken, touristische Einheitskultur neben dem lebendigen Ausdruck einer Tradition, wie sie griechischer nicht sein könnte — wo gibt es das alles auf engem Raum? In Rhodos-Stadt! Jenem Ort, der so oft schon zum

Geschichtstabelle

3000 v. Chr.
Neolithische Funde belegen
die Besiedlung von Rhodos

1500 v. Chr.
Mykenische Seeleute lassen
sich auf der Insel nieder

1000–500 v. Chr.
Entstehung der drei dorischen
Stadtstaaten Líndos, Kámiros
und Ialysós

490 v. Chr.
Rhodos muß sich den Persern
unterwerfen

408 v. Chr.
Rhodos wird von den Athenern
verwüstet. Die drei Stadtstaaten schließen sich zusammen
und gründen Rhodos-Stadt

304 v. Chr.
Der makedonische Feldherr
Demétrios Poliorkétes belagert
die Stadt vergeblich

164 v. Chr.
Rhodos wird römisch

395 n. Chr.
Nach der Teilung des Römi-
schen Reiches fällt Rhodos an
Ostrom. In der byzantinischen
Zeit wird die Insel mehrmals
erobert, u. a. von den Persern
und Sarazenen

1309–1522
Die Insel steht unter der Herr-
schaft des Ritterordens der
Johanniter

1522
Sultan Süleyman »der Prächtige« nimmt Rhodos ein. Fast
400 Jahre lang bleibt die Insel
türkisch. Der griechische Freiheitskampf beginnt 1821

1912
Die Italiener besiegen die
Türken bei Psínthos und
besetzen die Insel

11. 9. 1943
Rhodos wird von den
Deutschen besetzt, etwa 2000
rhodische Juden werden in
deutsche Konzentrationslager
deportiert und dort größtenteils ermordet

1945
England befreit die Insel

10. 2. 1947
Friedensvertrag von Paris;
der Dodekanes wird griechisch

1967–1974
Militärdiktatur. Nach einer zwei-
felhaften Volksabstimmung wird
1972 die Monarchie abgeschafft

1975
Erneute Abstimmung über
die Staatsform Griechenlands;
die Mehrheit entscheidet sich
für die Präsidialdemokratie

1981
Griechenland wird Vollmitglied
der EG. Im Oktober kommt
erstmals eine sozialistische
Regierung an die Macht

1988
Im Anschluß an die EG-Gipfel-
konferenz in Rhodos-Stadt
wird jeder Regierungschef zum
Ehrenbürger einer Dodekanes-
Insel ernannt: Rhodos ehrt
François Mitterrand

1993
Parlamentswahlen; derzeit
regieren in Griechenland die
Sozialisten unter Andreas
Papandreou

Opfer von Kommerz (der Einheimischen) und Konsum (der Touristen) erklärt wurde und nun auch in diesem Buch wieder viele Seiten für sich hat, weil man einfach nicht vorbeikommt an Rhodos-Stadt.

Für die meisten Feriengäste gilt das im Wortsinn. Sie bleiben in Rhodos-Stadt und ihrem Dunstkreis »hängen«, der sich mittlerweile bis Faliráki an der Ost- und Paradíssi (Flughafen) an der Westküste erstreckt. Wer will, kann seinen Urlaub dort so verbringen, als sei er in einem beliebigen Ferienort irgendwo im sonnigen Süden. Rhodos, eine Insel, die »griechischer« ist als viele andere, zeigt dieses Gesicht erst auf den zweiten oder dritten Blick.

Etwa ein Jahr vor der Gründung der Bundesrepublik Deutschland ist der Dodekanes und damit Rhodos griechisch geworden. Ein knappes halbes Jahrhundert ist das erst her, zwei Generationen. Davor liegen 400 Jahre türkischer Besatzung und über 40 Jahre unter italienischer Herrschaft. Und dann, man hatte sich kaum an die neue Freiheit gewöhnt, kam schon wieder eine Invasion, diesmal eine friedliche: Sonnenanbeter und Bildungsreisende aus Mitteleuropa trafen ein, erst vereinzelt, dann in Massen. Besonders die jungen Menschen auf Rhodos müssen sich zwischen den verschiedenen Kulturen hin- und hergerissen fühlen.

In kaum einer anderen griechischen Provinzstadt gibt es eine solche Palette an Konsumgütern und Freizeitangeboten mitteleuropäischen Zuschnitts. Der letzte Schrei aus den großen internationalen Konfektionshäusern kommt auf Rhodos eher an als in München, Wien oder Zürich. Dank einer für sie ungeheuer günstigen Zollgesetzgebung brauchen die Rhodier für Importwaren längst nicht so tief in die Tasche zu greifen wie zum Beispiel die Athener. (Das kommt übrigens auch den Urlaubern zugute: Schottischer Whisky zum Beispiel ist auf Rhodos billiger als in Schottland!) Ungewöhnlich für eine griechische Provinzstadt ist auch das Angebot an internationaler Küche, internationalem Sound und gemütlichen griechischen Musikkneipen.

Rhodos hat so viele Gesichter und bietet viele Möglichkeiten, den Aufenthalt jeden Tag anders zu gestalten. Wer genug hat von den vollen Stränden des Nordens mit Surfbrett- und Tretbootverleih, Strandbars und Wasserski, fährt einfach ein Stück nach Süden. Je weiter man kommt, desto karger, aber auch interessanter wird die Landschaft, während man zugleich auf immer weniger Fremde trifft. An der Südwestküste hat man mit etwas Glück einen ganzen dünigen Strandkilometer für sich allein.

Die ausgetretenen Urlauberpfade verlaufen im wesentlichen an den 220 Kilometer langen Küsten. Im Inselinneren ist vieles noch kaum entdeckt — verschont geblieben, wie viele meinen. Schade nur, daß es auch die Einheimischen nicht mehr in den abgeschiedenen, oft freilich farblos wirkenden Dörfern hält. Manchem kleinen Ort möchte man einen geschickt und behutsam operierenden Touristikmanager wünschen, der den Häusern wieder Leben einhaucht, bevor der letzte Bewohner gegangen ist. Auf Rhodos allerdings steigt, den Feriengästen sei Dank, die Einwohnerzahl seit 15 Jahren wieder kräftig an. Die Dörfer im Inselinneren profitieren von dieser für die griechische Provinz so untypischen Entwicklung allerdings kaum. Sie sterben weiter.

Auf Rhodos steht jede Himmelsrichtung für ein anderes Gesicht der Insel. Norden heißt Großstadtleben, Kultur, Animation, Trubel an den Stränden. Osten steht für Sandstrände und aufstrebende Ferienorte, die Faliráki mit gefälligen, der Landschaft angepaßten Hotel- und Bungalowkomplexen Konkurrenz machen — und natürlich auch für das leider notorisch überfüllte, malerische Lindos. Westen heißt mehr Stein- und Kiesel- als Sandstrände, rauhere Küsten, heftiger Wind, Surfer-Reviere. Die Westküste, das ist auch Kámiros, die antike Stadt in selten schöner Lage über der Küste. Im Süden schließlich präsentiert sich Rhodos als eine für die Ägäis sehr typische Insel: karg, abweisend und im Sommer geradezu glühend. Prassoníssi, das Inselchen ganz unten im Süden, hat seinen Namen »grüne Insel« heute zumindest nicht mehr verdient. Der lange Sandstrand mit seinen Dünen zieht vor allem junge Leute an, die in offenen Jeeps oder auf Motorrädern über die Schotterstraßen rumpeln.

Norden, Süden, Westen, Osten — das sind auf Rhodos vier Variationen desselben Themas. Wer eine ausläßt, lernt das Musikstück nicht kennen. Man kann alle vier an einem Tag erleben, dazu ist die Insel klein und übersichtlich genug. Man kann langsam eine nach der anderen »durcharbeiten«, und man kann — mit dem Auto — zwischen den Variationen hin- und herspringen. Morgens in der Altstadt von Rhodos-Stadt, mittags am Strand von Prassoníssi, auf dem Rückweg Abendessen in Lindos!

Rhodos ist sogar für diejenigen ein Reiseziel, die mit Strandleben und Badefreuden nicht viel anfangen können. Den milden, regenreichen Wintern verdankt die Insel eine variantenreiche Flora — allein 29 Pflanzenarten sind auf Rhodos endemisch, das heißt sonst nirgendwo zu finden. Rund ein Drittel der Insel ist mit Wäldern bedeckt — ein nach griechischen Maßstäben ungewöhnlich hoher Prozentsatz.

Ungewöhnlich hoch ist auch die Zahl der Kirchen, Klöster und Moscheen auf der Insel. Eine ganze Reihe davon stammt noch aus byzantinischer Zeit, mindestens 30 gelten als kunsthistorisch interessant, meist wegen ihrer Fresken oder einer besonders wertvollen Ikone. Oft liegen die Gotteshäuser auf einem besonders schönen Fleckchen Erde, und allein das lohnt den Weg dorthin. Die Klöster sind zwar größtenteils nicht mehr bewohnt, in einigen kann man aber gegen eine kleine Spende übernachten. Manche Besucher nutzen die Gelegenheit, einmal wieder oder vielleicht zum ersten Mal in ihrem Leben, mit dem Rauschen der Bäume, den zirpenden Grillen und dem Bellen eines Hundes in der Nacht allein zu sein. Rhodos ist eben doch noch eine unentdeckte Insel.

Wer abends gern durch Kneipen und Diskos zieht, wird in Rhodos-Stadt auf seine Kosten kommen. Anderswo, in Lindos zum Beispiel, ist nach Mitternacht nur außerhalb der Wohngebiete noch etwas los, ansonsten schweigt die Musik, und nur ein Plausch an der Bar ist noch möglich. Die Einheimischen haben ihr Recht durchgesetzt, auch während der Saison, die immerhin von April bis Oktober geht, ein paar Stunden Schlaf zu bekommen. Sie wären sonst wohl auch kaum in der Lage, (mindestens) zwölfstündige Arbeitstage und siebentägige Arbeitswochen durchzustehen.

Anfang November, wenn die allerletzten abgeflogen sind, kommt die große Ruhe nach dem Sturm: Stühle werden hereingeholt, Fenster vernagelt, der Schlüssel im Türschloß herumgedreht. Jetzt kann es Winter werden. Manche Rhodier machen sich erst einmal für ein bis zwei Monate auf den Weg in die europäischen Hauptstädte — als Touristen. Auch die *kamákia*, die rhodischen Kollegen der italienischen Papagalli, nehmen Urlaub. Im Sommer gehören die Möchtegern-Casanovas zum Rhodos-Urlaub wie Hitze, Meer und Tomatensalat. Am besten, Sie lassen die geschniegelten Schönlinge in den Touristen-Cafés sitzen. Gelegenheiten, auf Rhodos angenehme, freundliche, herzliche Menschen kennenzulernen, gibt es genug. Die Besitzer der kleinen Pensionen, der Kaufmann, eine Weberin in Archángelos oder Afántou ... Wer das Gespräch sucht — auf englisch, deutsch, mit ein paar Brocken griechisch oder notfalls in Zei-

Die Küste der Insel Chálki

chensprache —, wird besonders abseits der großen Touristenzentren feststellen, daß man auf Rhodos eines nicht vergessen hat: Für »Fremder« und für »Gast« kennt die griechische Sprache nur ein einziges Wort. So ist mit *filoxenía*, Gastfreundschaft, auch die Freundlichkeit gegenüber Fremden gemeint. Das gilt besonders für Feste, und die Erinnerung an ein *panijíri*, das Volksfest zu Ehren des Schutzheiligen der Dorfkirche, gehört zu dem Schönsten, was man aus Rhodos mit nach Hause nehmen kann.

Schließlich sind von Rhodos aus auch Abstecher auf Nachbarinseln möglich. Zur ehemaligen Schwammfischer- und Werfteninsel Sími fahren täglich Ausflugsboote. Das weiter entfernte Kos, einst Heimat des berühmten Arztes Hippokrates, steuern schnelle Tragflügelboote an, zum rauhen Kárpathos fliegen kleine Propellermaschinen. Wer mag, kann sogar einen Tagesausflug per Schiff in die nahe Türkei unternehmen.

9

Von Aleppokiefer bis Távlispieler

Land und Leute auf Rhodos sind ein kleiner Kosmos für sich

Architektur

Nur wenige Bauwerke aus der Antike haben sich erhalten. Vor allem Lindos und Kámiros zeugen vom früheren Reichtum der Insel. Die fremden Herren — Johanniter-Ritter, Türken, Italiener — haben dann auf Rhodos deutliche Spuren hinterlassen. Die Straße der Ritter, gesäumt von Gebäuden in spätgotischem Stil, könnte genauso gut in Avignon oder Florenz liegen. Die Kuppeln der Moscheen aus der Türkenzeit geben der Altstadt einen Hauch von Orient; die imposanten Gebäude an der Uferstraße, das zierlich wirkende Aquarium und die verspielten Thermen von Kallithéa verraten auf den ersten Blick die italienischen Baumeister.

Das traditionelle rhodische Wohnhaus besteht aus einem einzigen Zimmer mit einer Empore auf halber Höhe. Oben schlief die Familie, unten waren nachts die Tiere untergebracht.

Wie eine Theaterkulisse wirken die wuchtigen Mauern und Türme des rekonstruierten Großmeisterpalastes

Vor allem in den Dörfern des Südens und auf den kleinen Nachbarinseln sind solche »Ein-Zimmer-Häuser« noch zu sehen. Manchmal lebt als letzte Bewohnerin eine alte Frau darin, gekleidet in die traditionelle Tracht mit dem weißen Kopftuch, oder ganz in Schwarz und umgeben von vergilbten Familienfotos.

Bevölkerung

Statistiker hatten den Trend schon in den fünfziger Jahren ausgemacht: Die griechische Provinz verliert ihre Menschen. Jeder, der kann, zieht auf der Suche nach Ausbildung und Arbeit in die Stadt oder sogar ins Ausland. Die Folgen dieser Entwicklung: Athen ist heute eine unerträglich laute, enge, schmutzige Vier-Millionen-Metropole; ein Drittel aller griechischen Staatsbürger wohnen im Ausland, viele Familien schon seit mehreren Generationen.

Die Einwohnerzahl von Rhodos dagegen steigt seit 20 Jahren wieder kräftig an: Rund 66 000 Menschen wurden 1971 gezählt — heute leben etwa 110 000 ständig auf der Insel, davon die Hälfte in Rhodos-Stadt, rund 10 000 in der nächstgrößeren Gemeinde Ialyssos und der Rest in den 41 Dörfern. Die meisten Bewohner der Insel sind Griechen, die der christlich-orthodoxen Kirche angehören; es gibt noch etwa 4000 türkische Moslems mit einem eigenen geistlichen Oberhaupt.

Zu verdanken ist diese »Wiederbelebung« der Insel dem Tourismus, der seit den siebziger Jahren beständig und zeitweise explosionsartig boomt. Nur noch 20 Prozent des Geldes, das auf Rhodos verdient wird, stammt aus anderen Einnahmequellen wie zum Beispiel Landwirtschaft oder Weberei. An die 500 Hotels stehen auf der Insel, es gibt insgesamt fast 70 000 Gästebetten. Und sie bleiben selten leer: Allein aus Großbritannien und der Bundesrepublik fliegen jedes Jahr über 300 000 Urlauber ein. Immer wieder kommt es vor, daß eine(r) nicht wieder nach Hause will. Rund 2000 Skandinavierinnen und etwa 500 Menschen aus deutschsprachigen Ländern haben sich auf Rhodos niedergelassen. Ihr Geld verdienen die meisten — wo sonst — im Tourismus.

Fauna

Esel, Mulis und Ziegen, die typischen Nutztiere des Mittelmeerraumes, bestimmen auch auf Rhodos das Bild. Als Haustiere haben in Griechenland Singvögel Tradition: einheimische Finkenarten, Kanarienvögel und, auf Rhodos besonders häufig, prächtige Papageien. Hunde werden auf dem Land höchstens als Hofhunde gehalten, herrenlose Katzen räkeln sich dekorativ in sonnigen Hauseingängen und auf schaukelnden Fischerbooten.

In freier Natur gibt es Wildziegen, Rebhühner und, seltener, aus Mitteleuropa bekannte Arten wie Wiesel, Marder oder Dachs. Hirsch und Hirschkuh, die Wappentiere der Insel, sind am Profítis Ilías in natura zu sehen; die Italiener haben sie dort in den zwanziger Jahren wieder angesiedelt.

Besonders groß ist die Artenvielfalt bei den Insekten und Schmetterlingen; die Schmetterlinge in dem berühmten Tal fliehen aber immer häufiger vor den lärmenden Besuchern — man kann sie fast nur noch aufgespießt hinter Glas bewundern. Es gibt eine große, braun-graue Eidechsenart, *sávra* genannt; an Sommerabenden sitzen manchmal hautfarbene, fast durchsichtige Geckos wie festgeklebt unter der Lampe an der Hauswand und rühren sich erst, wenn ein Insekt in ihre Reichweite kommt oder ein Geräusch sie vertreibt. Beim Bergwandern kann man Schlangen begegnen, die aber meist harmlos sind.

Traurig sieht es heute in ganz Griechenland mit dem Fischbestand aus. Jahrzehntelanges Dynamitfischen — manche tun es heute noch — hat die Schwärme dezimiert, und die fortschreitende Verschmutzung des Meeres trägt ihr Teil dazu bei. Außerdem nimmt es mancher Fischer mit den Fangzeiten nicht so genau und holt zum Beispiel die kleinen *marídes* (Weißfische) vor dem ersten Laichen aus dem Wasser, weil sie dann angeblich am besten schmecken. In vielen griechischen Ferienorten muß während der Hochsaison schon Fisch importiert werden, damit jeder, der ein Fischgericht bestellt, es auch bekommt. Tröstlich: Im Mandráki-Hafen ist das Angebot immer noch groß.

Im byzantinischen Kloster auf dem Filérimos blühen die Bougainvilleen

Flora

Für Botaniker ist Rhodos eine Fundgrube: 29 Pflanzenarten kommen nur hier vor. Anders als die meisten Inseln der Ägäis ist Rhodos, trotz mehrerer großer Waldbrände in den vergangenen Jahren, sehr grün. Im Norden und im Inselinneren gibt es noch viel Wald, mit italienischen Zypressen und Aleppokiefern. Auch Edelkastanien und Dattelpalmen kommen vor.

Typisch für die griechischen Inseln sind die vielen verschiedenen, oft stachligen und ineinander verhakten Sträucher an Berghängen und in trockenen Ebenen — Wacholder, Ginster, Mastixstrauch — und die manchmal fast betäubend duftenden Kräuter. Oregano, Thymian, Lavendel — auf Rhodos können Hobbyköche für ihr Kräuter- und Gewürzregal einkaufen oder es bei einer Wanderung in die Berge

sogar kostenlos auffüllen. Im Frühjahr ist die Insel ein einziger Blütenteppich: leuchtend roter Klatschmohn, gelber Sauerklee, lila Alpenveilchen in den Wäldern, die rosa Blüten des Granatapfelbaums, und überall die kleinen rhodischen Pfingstrosen. Rosen im eigentlichen Sinn gibt es allerdings auf der »Roseninsel« Rhodos kaum.

Zitrusfrüchten und Weintrauben kann man geradezu beim Wachsen und Reifen zusehen. Allerdings ernten die Bauern nur noch für den einheimischen Bedarf Obst und Gemüse.

Frauen

Auf den Dörfern sieht man ihn manchmal noch, den griechischen Patriarchen, der auf dem Esel reitet, während seine Frau hinterhergeht, mit Reisig bepackt. Und es sind immer die Männer, die schwadronierend im Kafeníon sitzen — inzwischen kochen die Frauen das Essen, kümmern sich um die Kinder, putzen das Haus, versorgen die Tiere. Griechenland ist bis heute eine Männergesellschaft. An den jahrhundertealten patriarchalischen Traditionen hat auch der Tourismus auf Rhodos nicht viel geändert.

Der erste Sohn eines Paares wird auf den Namen des Großvaters väterlicherseits getauft, die erste Tochter heißt nach der Großmutter väterlicherseits. Erst ab der zweiten Tochter und dem zweiten Sohn sind die Eltern der Frau als Namensgeber an der Reihe. Dieser Brauch ist ein Grund dafür, daß es in Griechenland relativ wenige Vornamen gibt — die meisten Paare halten sich auch heute noch daran.

Um Verwechslungen auszuschließen, gibt man in offiziellen Schriftstücken den Namen des Vaters als zweiten Vornamen mit an, zum Beispiel »Eléni, Tochter des Kóstas Argirós«. Den Nachnamen verwenden Frauen grundsätzlich in der Genitiv-Form; Ehefrau und Töchter von Herrn Argirós heißen also Argiroú, »des Argirós«.

Heiratet Eléni Argiroú einen Herrn Chrístos Saríkas, wird in ihren Ausweis eingetragen: Eléni Chrístou Saríka, was nichts anderes heißt als »die Eléni des Christos Saríkas«. Eléni hat also, zumindest auf dem Papier, ihren Besitzer gewechselt. Ganz wörtlich muß man das heute nicht mehr nehmen, zumal Frauen seit den achtziger Jahren ihren Geburtsnamen auch nach einer Heirat weiterführen können. Bezeichnend für die Stellung der Frau ist dieser Sprachgebrauch aber in jedem Fall.

Griechenland, Macho-Land? Mag sein. Dieses Beispiel jedenfalls spricht dafür: María, 19, muß mit ihren Eltern in die bisher unbekannte Heimat Lindos zurückkehren, »damit sie einen anständigen Mann von unserer Insel heiratet und da drüben nicht auf dumme Gedanken kommt«. Eine Berufsausbildung braucht sie dann ja nicht mehr, meint die Familie. Ein Jahr später ist María Ehefrau eines jungen Mannes aus Lindos, den die Eltern für sie ausgesucht haben. Bis das erste Kind kommt, jobbt sie in einem Reisebüro.

Und jetzt das Gegenbeispiel: Tsambíka, 23, aus einem Dorf an der Westküste. Seit ihrer Mittelschulzeit lebt sie in Rhodos-Stadt; die beiden jüngeren Schwestern sind inzwischen auch dort. Nach dem Abitur hat Tsambíka eine Ausbildung als Fremdenführerin absolviert; sie spricht fließend deutsch, englisch, französisch. Heiraten? Vielleicht später mal.

In der Regel haben junge Griechinnen weniger Freiheit als zum Beispiel ihre Altersgenossinnen in Deutschland. Zwar ist es heute normal, daß schon Teenager sexuelle Beziehungen eingehen – aber die Eltern des Mädchens wissen meist nichts davon oder tun zumindest so. Die Frau soll in der Hochzeitsnacht möglichst unberührt sein und der Mann möglichst reiche sexuelle Erfahrung mitbringen – eine skurrile Doppelmoral.

Geographie und Geologie

Rhodos hat eine Fläche von rund 1400 Quadratkilometern und ist die viertgrößte der griechischen Inseln. Sie sieht aus wie eine nach rechts gekippte, zusammengestauchte und an einigen Stellen eingedrückte Raute. Von Nordosten nach Südwesten sind es 78 Kilometer, und an der breitesten Stelle sind West- und Ostküste in der Luftlinie 38 Kilometer voneinander entfernt. Die Küsten sind insgesamt 220 Kilometer lang.

Rhodos liegt viel näher an der Türkei als am griechischen Festland: Die türkische Küste ist nur etwa 20 Kilometer von Rhodos-Stadt entfernt. Der größte Teil der Insel besteht aus Kalk-, Sand- und Hornsteinen, die meist zwischen 25 und 40 Millionen Jahre alt sind. Höchster Berg ist der Atáviros im Westen mit 1215 Metern. Von dort kommt das köstliche Quellwasser gleichen

Namens, das es in Flaschen zu kaufen gibt.

Rhodos-Stadt ist Hauptstadt der griechischen Provinz Dodekánissos, der »zwölf Inseln«: In Wahrheit sind es jedoch 200 Inseln und Eilande, davon etwa 20 bewohnte. Allerdings sind alle zusammen nur etwas größer als das Saarland (rund 2700 Quadratkilometer) und haben nicht einmal 200 000 Einwohner.

Griechischer Kaffee

Die schwarze Brühe in der weißen Mini-Mokkatasse hieß jahrzehntelang völlig korrekt »türkischer Kaffee« — die Art der Zubereitung stammt nämlich aus der Türkei. Die Umbenennung in »griechischen Kaffee« hat eine Kaffeefirma mit einer nach griechischen Maßstäben gigantischen Werbekampagne Mitte der siebziger Jahre durchgesetzt.

Zur Zubereitung braucht man fein gemahlenen, hellbraunen Mokka, Zucker, ein spezielles Gefäß aus Aluminium, Messing oder Kupfer mit langem Stiel, *bríki* genannt, einen Löffel, Wasser, eine kleine Gasflamme und etwas Fingerspitzengefühl. Kaffee und Zucker werden zusammen aufgekocht, für einen *métrio* (mittelstark und -süß) nimmt man je einen Löffel. Kenner behaupten, es gäbe eine zweistellige Zahl von Varianten. Einsteiger können sich außer dem *métrio* zunächst die Bezeichnung *skétos* (schwarz), *glikós* (süß) und *varíglikos* (süß und stark) merken. Ob man das Gemisch im *bríki* erst umrührt und dann auf die Flamme setzt oder ob zweimaliges Aufkochen wirklich den Geschmack verfeinert — da scheiden sich die Geister.

Kamáki

Das heißt »Harpune«, und »Harpune machen« bedeutet in der neugriechischen Umgangssprache so viel wie »Frauen aufreißen«. Der Kamáki (Plural: *kamákia*) ist ein Kollege des italienischen Papagallo. Seine Dienstkleidung: Lange Hosen mit messerscharfer Bügelfalte oder auch eine schicke Jeans und blitzblanke Schuhe; dazu ein frisches Hemd in der Modefarbe der Saison und ein Goldkettchen mit einem Kreuz auf möglichst behaarter, halb entblößter Brust. So sitzen die *kamákia* in den Straßencafés, einer neben dem anderen und machen sich an ihre Opfer heran, wie es ein griechischer Schlager einmal beschrieb:

»In einer Konditorei sitzen zwei junge Männer, jeder auf drei Stühle gelümmelt, und unter der Markise ist es kühl. Sie haben ihre Netze ausgelegt: Gefällt Ihnen Griechenland, Miss? Was haben Sie vor heute abend? Do you like, Mademoiselle, the Greece?« (Falls Sie wissen wollen, wie es weitergeht: Sie finden das Lied »Do you like the Greece?« auf der LP »Made in Greece«, Musik: Arjíris Kounádis, Sänger: Antónis Kalojánnis).

Die rhodischen Adonisse gelten als die Champions unter den griechischen »Harpunen«. Sicher sind vor ihnen nur die einheimischen Mädchen, deren »Tugend« immer noch von strengen Vätern, Brüdern und Onkeln überwacht wird.

Klima

Mit rund 270 Sonnentagen pro Jahr macht die »Sonneninsel« ihrem Namen Ehre. Für Mitteleuropäer ist Rhodos wohl im April und Mai am reizvollsten, wenn die Insel in sattem Grün daliegt und es am Tag noch nicht wärmer wird als 25 Grad. Baden kann man von Mitte April bis Anfang November. Auf Rhodos regnet es im Winter viel — die Niederschlagsmenge ist doppelt so hoch wie zum Beispiel in Athen—und manchmal so heftig, daß es in den Dörfern ein paar Tage schulfrei gibt, weil das Wasser aus den Klassenzimmern erst ablaufen muß. Die Wolkenbrüche sind aber meist schon nach kurzer Zeit wieder vorbei.

In den heißen Monaten Juli und August steigt das Thermometer im Schatten bis auf 33 Grad. Nach griechischen Maßstäben sind das durchaus erträgliche Temperaturen; die Athener zum Beispiel schmoren um dieselbe Zeit oft bei über 40 Grad — und das ohne den kühlen, oft starken Nordwestwind, den Meltémi, der auf Rhodos fast den ganzen Sommer weht.

Koloß von Rhodos
Er galt als eines der Sieben Weltwunder der Antike und wurde von Chares von Lindos zwischen 294 und 282 v. Chr. in Bronze gegossen. Rund 50 Jahre später wurde er bei einem Erdbeben zerstört. 33 Meter hoch soll die Statue des Sonnengottes Helios gewesen sein, doch wissen wir leider nicht, wie sie ausgesehen hat. Aber wahrscheinlich hat der Koloß nicht breitbeinig über der Hafeneinfahrt gestanden, wie die Überlieferung lange behauptete.

Militär
Wer nicht Soldat war, ist kein richtiger Mann, meint man in Griechenland immer noch. Und immer noch müssen die Rekruten mittelalterlich anmutende Schikanen über sich ergehen lassen, der Sold reicht gerade für ein paar Schachteln Zigaretten. Einen zivilen Ersatzdienst gibt es nicht, möglich ist nur der »Dienst ohne Waffe«, der auch in der Kaserne abzuleisten ist. Wehrdienstverweigerung wird mit Gefängnis bestraft. Immerhin wurde der Pflichtwehrdienst Ende der achtziger Jahre von 24 auf 18 Monate verkürzt. Ihre Grundausbildung müssen die Rekruten meist weit von ihrem Heimatort ableisten. Auch auf Rhodos sind Soldaten stationiert.

Musik und Tanz
Auf Rhodos hört man im wesentlichen das, was in ganz Griechenland gerade Mode ist; auf Volksfesten wird die für die meisten griechischen Inseln typische Musik gespielt (wichtige Instrumente: Geige und Iagoúto, ein großes Saiteninstrument mit dickem Bauch, das mit einem langen Plektron gespielt wird).

Seit der Film »Alexis Sorbas« um die Welt ging, weiß man überall, wie gern — und gut — Griechen tanzen. Auf den »Griechischen Abenden« der Reiseveranstalter versuchen Urlauber es ihnen nachzutun, legen einander die Arme um die Schultern und proben nach der berühmten Melodie die ersten Schritte des Syrtáki. Dabei ist der Syrtáki nichts weiter als eine eigens für den »Sorbas«-Film kreierte einfachere Version des »Klassikers« Chassápiko — und wer dessen Schritte und Figuren erlernen will, wird mit einem Rhodos-Urlaub nicht auskommen.

Die Marco Polo Bitte

Marco Polo war der erste Weltreisende. Er reiste in friedlicher Absicht, verband Ost und West. Er wollte die Welt entdecken, fremde Kulturen kennenlernen, nicht zerstören. Könnte er für uns Reisende des 20. Jahrhunderts nicht Vorbild sein? Aufgeschlossen und friedlich sollte unsere Haltung auf Reisen sein. Dazu gehören auch Respekt vor Mensch und Tier und die Bewahrung der Umwelt.

WWF

Es gibt traditionelle Reigentänze, die nur Männer und andere, die nur Frauen tanzen. Aus den gebirgigen, schwer zugänglichen Teilen des Landes kommt der Tsámikos mit seinen schweren, stampfenden Schritten; auf den Inseln tanzen Männer und Frauen zusammen Syrtós oder, paarweise, den unbeschwerten, fröhlichen Bállos.

Seit ein paar Jahren erlebt die musikalische Tradition wieder einmal eine Renaissance; sogar in der Disko wird manchmal ein Zeïbékiko aufgelegt, ein meist langsamer Solotanz ohne festgelegte Schrittfolge, der als der »König« unter den griechischen Tänzen gilt.

Im Ausland ist die griechische Musik in erster Linie durch Mikis Theodorakis bekannt geworden, später auch durch den Film »Rembétiko«, der eine Musikrichtung vorstellt, die oft als das griechische Pendant zum Blues bezeichnet wird: Die einfachen Texte handeln von Liebe, Armut, harter Arbeit und der Flucht in den Rausch; wichtigste Soloinstrumente sind das Saiteninstrument Bouzoúki und sein kleinerer Verwandter, der Baglamás. Jahrzehntelang war es verpönt, Rembétiko-Musik zu hören; in den sechziger Jahren hat sie der Komponist Mános Chatzidákis

(»Sonntags nie«) durch eine Neubearbeitung einiger klassischer Stücke salonfähig gemacht.

Es gibt in Griechenland eine sehr lebendige Liedermacher-, Chanson- und Schlager-Szene. Erste Eindrücke vermitteln die Programme der Musikkneipen in der Altstadt von Rhodos-Stadt.

Natur- und Umweltschutz

Noch gehen die meisten Griechen mit Landschaft, Wasser und Luft sorglos um. Es ist ja auch fast überall genug davon da, nach den Winterstürmen sind die Inseln immer wieder wie neugeboren und das Meer wie unberührt. Zwar gibt es inzwischen eine »grüne« Partei und Vertretungen mehrerer bekannter Umweltschutzorganisationen wie WWF und Greenpeace, aber die Umweltschützer stehen mit ihren Warnungen und Forderungen wie der Rufer in der Wüste. Konsumieren und Wegwerfen ist angesagt; Plastik, Einweg-Verpackungen, Putzmittel für den schnellen Glanz überschwemmen das Land und häufen sich zu gigantischen Müllbergen. Inzwischen hat man in einigen Städten begonnen, Müll zu sortieren und, soweit möglich, wiederzuverwerten. Auf Rhodos wird jetzt Aluminium recycelt; leider stehen die Behälter für leere Getränkedosen noch nicht überall. Man legt auch kürzeste Strecken per Auto zurück und läßt dabei — meist ungefilterte — Abgaswolken hinter sich. Was jedoch viele Kritiker vergessen: Die »guten alten«, aber auch mühsamen Zeiten liegen in Griechenland noch nicht lange zurück, und erst langsam setzt sich die Erkenntnis durch, daß der neugewonnene Komfort auch seinen Preis hat.

Im Nutzen alternativer Energien sind die Griechen den meisten anderen Europäern allerdings weit voraus. Der Staat lockt mit Steuererleichterungen für die Installation von Sonnenkollektoren und immer mehr Hausbesitzer greifen zu — weniger der Umwelt zuliebe als wegen der hohen Strompreise. Windmühlen, die traditionellen Energiequellen der griechischen Inseln, sind auf Rhodos an der Westküste zu finden, wo es immer stark weht. Ein Hotel und eine Töpferei betreiben neuerdings moderne Windkraft-Anlagen.

Trinkwasser wird in Griechenland von Jahr zu Jahr knapper, weil die Grundwasserreserven zur Neige gehen. Rhodos' Nachbarinsel Chalki muß heute schon Wasser per Tankschiff »importieren«. Man sollte sparsam mit der kostbaren Flüssigkeit umgehen.

Schule

Wer häufiger und immer zu verschiedenen Zeiten nach Griechenland reist, bekommt vielleicht den Eindruck, die Kinder gingen wohl überhaupt nicht zur Schule. Im Juli sind Ferien, im August auch, im September immer noch, Weihnachten und Ostern sowieso. Mindestens vier Monate im Jahr bleiben die Schultüren geschlossen. Zum Glück, könnte man sagen. Denn das staatliche griechische Schulwesen ist eine Qual für alle Beteiligten: Verrottende Gebäude, schlecht ausgebildete, unterbezahlte Lehrer, umschichtiger Vormittags- und Nachmittagsunterricht, weil Klassenräume feh-

Per Esel läßt sich der steile Weg zur Akropolis von Lindos besser bewältigen

len. Dazu ein Wirrwarr von Versetzungs- und Prüfungsverordnungen, an denen jeder Bildungsminister aufs neue herumbastelt.

Die großen Gewinner sind die privaten Nachmittags- und Abendschulen (zu erkennen an dem Schild mit der Aufschrift *frontistírio*), die in teuren Zusatzkursen die Schüler auf die Jahresabschlußprüfungen vorbereiten. Bei den Aufnahmeverfahren der Universitäten sind Bewerber ohne *frontistírio* so gut wie chancenlos. Diese Intensivkurse finden natürlich in den Ferien statt — und so schmilzt die unterrichtsfreie Zeit für viele Mittel- und Oberschüler auf zwei Monate im Jahr zusammen. Zusätzliches Problem auf Rhodos: Viele Dörfer haben keine eigene Schule, und weiterführende Schulbildung ist ohnehin nur in der Inselhauptstadt möglich.

Sport

»Hier ist Rhodos, hier auch der Sprung«, heißt es in der Fabel des antiken Dichters Aesop. Ein Fünfkämpfer hatte damit geprahlt, er sei bei einem Wettkampf auf Rhodos geradezu unglaublich weit gesprungen. Als Antwort bekam er den berühmt gewordenen Satz zu hören. Noch heute bietet Rhodos reichlich Möglichkeiten, mit sportlichen Leistungen zu glänzen. Schwimmen kann man fast überall, am schönsten sind die Strände an der Ostküste. Zum Windsurfen bietet sich die Westküste mit ihren starken Winden an. Surfschulen finden sich vor allem in den großen Hotels von Ixiá und Faliráki. Wer Tretboot oder Motorboot fahren oder sich

auf Wasserskiern versuchen will, hat fast überall Gelegenheit dazu, und in Rhodos-Stadt kann man sogar wettkampftaugliche Segelboote mieten.

Angeln ist überall erlaubt; vor Kallithéa, Lindos, Gennádi und Kámiros beißen angeblich die meisten Fische an. Harpunieren darf man Fische ab 150 Gramm.

Tauchen mit Sauerstoffflasche ist nur in Begleitung eines einheimischen Tauchlehrers erlaubt; so will man verhindern, daß Urlauber sich an den antiken Kunstschätzen vergreifen, die an vielen Stellen noch unentdeckt auf dem Meeresgrund liegen. Es gibt einen Golfplatz (18 Löcher) bei Afántou und eine ganze Reihe von Tennisplätzen.

Beliebte Sportarten bei den Rhodiern sind vor allem Fußball (Diagóras Rhódou, der Verein von Rhodos-Stadt war jahrelang in der Ersten Nationalliga), und Basketball.

Sprache

Erst seit 1948 ist auch auf Rhodos Neugriechisch Amtssprache. Von den Älteren sprechen viele noch italienisch — eine Erinnerung an die Besatzungszeit — und heute werden englisch oder auch deutsch überall zumindest verstanden. In Rhodos-Stadt und Lindos kann es durchaus passieren, daß der Kellner im Restaurant mit zwei Speisekarten in der Hand an den Tisch tritt: »English and greek? Or german and french?« Die mühsam vor dem Urlaub erworbenen griechischen Sprachkenntnisse bleiben da natürlich ungenutzt.

Doch was immer wieder irritiert, ist die Transkription des griechischen Alphabets in unsere Buchstaben. Wie heißt es denn nun? Péfkos, Péfki oder vielleicht Péfka? Sgouroú oder Asgoúrou? Thárri, Thári oder Thórdi? Manche Orte auf Rhodos haben fast so viele verschiedene Namen wie es Landkarten der Insel gibt. Das hat auch mit der griechischen »Doppelsprachigkeit« zu tun; neben der modernen griechischen Sprache, die mit italienischen und türkischen Elementen, dazu zahlreichen englischen und französischen Lehnwörtern durchsetzt ist, gibt es nämlich eine Hochsprache, die in Wortschatz und Grammatik dem Altgriechischen sehr viel näher steht.

Gesetzestexte, Gerichtsurteile und andere offizielle Dokumente wurden früher ausschließlich in Hochsprache verfaßt; in der Kirche wird sie heute noch gesprochen. Offiziell ist die Hochsprache zwar abgeschafft, aber vieles hat sich erhalten — zum Beispiel in den Ortsnamen. Hinzu kommt die schwierige Orthographie und die Eigenart der griechischen Sprache, manche Hauptwörter mit mehr als einem Geschlecht auszustatten. Ein Beispiel: Das Feriendorf südlich von Lindos ist nach den Kiefern benannt, die dort häufig zu finden sind. »Kiefer« kann auf griechisch »péfkos«, »péfko« oder »péfki« heißen. Im Plural gibt es die Versionen »péfka« und »péfki« (anders geschrieben). So ist es fast ein Wunder, daß der Ort nur drei und nicht gleich fünf Namen hat. Wir halten uns, wie auch in den anderen Fällen, an die gebräuchlichste Version. Über Fußfallen der griechischen Orthographie wie die fünf i-Laute, die alle gleich ge-

sprochen, aber verschieden geschrieben werden, sollen unsere Leser nicht stolpern: Egal, ob im griechischen Wort ein »ei«, ein »oi«, ein »i« oder ein »y« steht — wir schreiben einheitlich »i«, es sei denn, das Wort ist international schon mit einer bestimmten Schreibweise bekannt. Damit die Aussprache leichter fällt, versuchen wir mit unserer Art der Umschrift möglichst nah an das gesprochene Wort heranzukommen und setzen auf die betonte Silbe jeweils einen Akzent. Verschweigen wollen wir aber nicht, daß bei manchen Ortsnamen sogar die Betonung wechseln kann. Trotzdem: Nur Mut! Auch ohne perfekte griechische Aussprache finden Sie auf Rhodos immer jemanden, der ihnen den Weg zeigt.

Streiks

Wenn der Brief nach Hause drei Wochen unterwegs ist, wenn »Olympic Airways« den Flug nach Kreta storniert, wenn morgens am Eingang zur Bank ein Pappschild klebt »closed all day« — dann ist es wieder mal so weit: Alle Räder stehen still . . . Ein bis zwei Streikwellen erlebt Griechenland jedes Jahr. Kein Wunder: Löhne und Gehälter hinken der Inflation chronisch hinterher, und der jährliche »automatische Inflationsausgleich« ist bestenfalls ein Tropfen auf den heißen Stein. Aber keine Angst: In den Feriengebieten werden die Arbeitskämpfe weit weniger scharf geführt. Eine Bank oder Wechselstube hat immer geöffnet, der Heimflug mit einer ausländischen Chartergesellschaft ist ohnehin gesichert, und für eine lohnende Tour wird der Taxifahrer den Streik gern unterbrechen, vielleicht im Privatwagen, damit die Kollegen nichts merken. Nur seine Urlaubspostkarten sollte man bei einem Poststreik lieber nach der Rückkehr persönlich übergeben.

Távli

Zwei Männer am Tisch, ein Spielbrett mit zwei Würfeln und dicken, runden Plastikknöpfen zwischen sich, die Köpfe gesenkt, alle Muskeln angespannt – bitte nicht stören! Die Távli-Partie ist in ihrer entscheidenden Phase. Távli ist viel mehr als das griechische Backgammon. Távli gehört zum Leben des traditionellen griechischen Mannes wie seine Mutter, der Militärdienst und der obligatorische starke Mokka am Morgen. Gespielt wird im Kafeníon, aber auch zu Hause, etwa am Sonntag mittag, wenn die Frauen sich eine Ruhepause gönnen und die kleineren Kinder schlafen. Menschenleere Straßen, heruntergezogene Markisen und von den Balkonen leises klack-klack – Mittagsruhe, Távli-Zeit. Kenner beherrschen (mindestens) drei Variationen: *plakotó* (übersetzt ungefähr »Draufgehauen«) *févga* (»Hau ab«) und *pórtes* (»Türen«). Für viele ist Távli Entspannung und eine Form der Kommunikation. Man schwatzt dabei über dies und jenes (besonders beliebt: Politik); wer gewinnt, ist nebensächlich. Es gibt aber auch Besessene, Távli-Süchtige, die ihren Partnern die Niederlage schon beim ersten Würfeln ankündigen und die Steine unter martialischen Drohungen in die Felder donnern: »Ich zerreiß dich! Ich hau dich in Stücke!« Und wenn sich zwei von derselben Art begegnen, geht auch schon mal das Spielbrett zu Bruch.

Waldbrände

»Schützt die Wälder«, »Vorsicht, Waldbrandgefahr« – solche Schilder stehen aus gutem Grund am Straßenrand. Jahr für Jahr erlebt Griechenland furchtbare Waldbrände, meist im August, wenn die Sonne erbarmungslos brennt. Nicht immer ist das sprichwörtliche weggeworfene Streichholz die Ursache; oft helfen Grundstücksspekulanten oder Terroristen nach. Leider bleibt auch Rhodos nicht verschont. In den vergangenen Jahren zerstörten mehrere Brände große Flächen in der Mitte und im Süden der Insel; die für den Tourismus wichtigen Regionen waren zum Glück nicht betroffen. Strenge Sicherheitsvorkehrungen sollen helfen, neuerliche Katastrophen zu verhindern. So gilt: Zwischen 21.30 und 5.30 Uhr heißt es für alle Wälder: Betreten verboten.

Wandern

Wer gut zu Fuß ist, kann Rhodos von einer Seite erleben, die sogar vielen Einheimischen unbekannt ist, und ein paar landschaftliche Kostbarkeiten, die per Auto nicht zu erreichen sind, entdecken, zum Beispiel an den Hängen des Atáviros, auf dem Profítis Ilías oder in der Gegend um Láerma. Feste Wanderschuhe, lange Hosen, eine Kopfbedeckung, reichlich Trinkwasser und ein gutes Sonnenschutzmittel muß man bei sich haben, wenn man zu einer längeren Tour aufbricht. Und man sollte grundsätzlich nicht allein wandern.

Ein Schwatz zwischen Käse und Birne

Olivenöl, viele Kräuter und viel Kommunikation gehören zur griechischen Küche

Speisen

Alles, was es »beim Griechen« in Ihrer Heimatstadt zu essen gibt, bekommen Sie auch auf Rhodos. Rhodische Küche ist im wesentlichen griechische Küche — und darin haben vor allem die türkischen Nachbarn kräftig herumgerührt. Das merkt man schon an den Namen vieler Gerichte. Gefüllte Weinblätter, eine beliebte Vorspeise, heißen *dolmádes*, aber rein griechisch ist das Wort nicht. Natürlich können Sie es auch auf griechisch — *ampelófilla* — bestellen, aber diese Bezeichnung ist viel weniger geläufig.

Oder *tzatzíki*, um bei den Vorspeisen zu bleiben. Der angerührte Joghurt (wichtigste Zutaten: geschnittene oder geraspelte Gurken, Knoblauch) heißt auf türkisch *cacık*, und auch an diesem Wort haben die Nachbarn wahrscheinlich die älteren Rechte. Aber Vorsicht: Die Diskussion über den griechischen oder den türkischen Ursprung eines

Nach dem großen Besichtigungspensum hat man eine kleine Stärkung verdient

Rezeptes, eines Wortes oder eines Musikstücks verdirbt vielen Griechen die Laune. Auch das ist ein Überbleibsel von 400 Jahren türkischer Herrschaft.

Olivenöl, Zwiebeln, Knoblauch und andere starke Gewürze wie Oregano und Kümmel sind die Grundelemente der griechischen Küche. Dazu kommen Gemüsesorten, die Mitteleuropäer selten auf den Tisch bringen, zum Beispiel Auberginen, Zucchini, Okra-Schoten. Und an den Geschmack von Hammel- und Ziegenfleisch muß ein Deutscher oder Österreicher sich auch erst einmal gewöhnen.

Ein komplettes »griechisches« Abendessen beginnt mit den *mezédes* (Vorspeisen). Oft ist die Auswahl riesig: gebratene Auberginen *(melitzánes)* oder Zucchini *(kolokíthia)*, Fischrogensalat *(taramosaláta)*, Teigspeisen mit Schafskäse, Spinat oder beidem *(tirópita, spanakópita, spanakotirópita)*, Anchovis *(antzoújies)*, dicke weiße Bohnen *(jígantes)* . . . Man bestellt, und wenig später ist der Tisch voll. Jeder nimmt von jedem Teller, nur nicht zuviel, damit man nicht vor dem Hauptgericht satt ist. Die meist kalorienreichen *mezédes* ißt man nicht, man »pickt« davon.

Traditionelle Hauptgerichte sind: *jemistés* (gebackenes Gemüse, meist Tomaten oder Paprika, gefüllt mit Reis und/oder Hackfleisch); *biftéki* (Bulette, manchmal mit Käsefüllung); *pastítsio* (Makkaroni-Auflauf mit Hackfleisch); *stifádo* (Rind- oder Kaninchenfleisch, geschmort), Kotelett vom Rind oder Schwein *(brizóla moscharísia* oder *brizóla chirini), arní sto foúrno* (gebackenes Hammelfleisch, meist mit Kartoffeln); *païdákia* (Lammkoteletts), *bakaliáros* (Stockfisch, gewässert und gebraten) mit *skordaliá* (pürierte Kartoffeln mit Knoblauch und Olivenöl). Preiswerte und leckere Fischgerichte sind auch *marídes tiganités* (Weißfische, gebraten) und *xifías* (Schwertfischfilet, schmeckt fast wie Steak). Als besonders wertvolle Meeresfrüchte gelten *barbounia* (Rotbarben), *garídes* (Scampi) und *astakós* (Hummer); entsprechend teurer sind die Gerichte.

Die meisten Lokale haben sich den tatsächlichen oder vermeintlichen Wünschen der ausländischen Gäste weitgehend angepaßt. Auch Minibestellungen wie »ein Bauernsalat und ein Glas Wasser« (früher in einer Taverne kaum denkbar) werden anstandslos ausgeführt. Mit Olivenöl und Knoblauch halten viele Köche sich jetzt zurück — um die Mägen der Urlauber zu schonen und dem Diät-Boom gerecht zu werden, der inzwischen auch Griechenland erreicht hat. Auf immer mehr Speisekarten tauchen vegetarische Hauptge-

Ideales Ferienmenü: frische Fische, Wein und Bauernsalat

richte auf — aber leider auch abenteuerliche Kreuzungen traditioneller Rezepte wie zum Beispiel Schwertfisch-Schaschlik *(xifías souflaki)*. In Dorftavernen kann man auch ein Spiegelei *(avgó máti)* oder Rühreier *(avgá tiganitá)* bestellen, dazu einen Bauernsalat *(choriátiki saláta,* wichtigste Bestandteile: Tomaten, Gurken, Schafskäse, Zwiebeln, Oliven und Olivenöl) und Pommes frites *(patátes tiganités)*. Brot bringt der Ober unaufgefordert gleich zu Anfang.

Zum Nachtisch wird oft einheimisches Obst serviert. Eine köstliche Erfrischung im Sommer ist eisgekühlte Wasser- oder Honigmelone *(karpoúzi* oder *pepóni)*. Man kann auch beides zusammen bestellen; die dreieckig geschnittenen rosa und tiefgelben Fruchtstücke kommen dann gemischt auf einem großen Teller, manchmal mit Eiswürfeln dazwischen. Beliebte Alternativen sind Karamelpudding *(krem karamelé)* und Joghurt mit Honig *(jiaoúrti me méli,* besonders gut im Bergdorf Siánna).

Selbstverpfleger können sich aus dem großen Angebot der

Supermärkte auch ohne griechische Sprachkenntnisse bedienen, auf Märkten und in vielen Lebensmittelgeschäften werden Englisch, Italienisch, Deutsch und auch Zeichensprache verstanden. Mitteleuropäische Produkte wie Müsli oder Schwarzbrot sind überall zu haben, aber nicht ganz billig.

Getränke

In einem guten griechischen Lokal, egal welcher Preisklasse, wird mit Brot und Besteck eine Karaffe frischen Wassers gebracht. Das traditionelle Getränk zum Essen ist Wein. Rhodos gilt wegen des milden Klimas und der vielen Sonnentage als gutes Weinbaugebiet; jedenfalls kommen von der Winzergenossenschaft »Caïr« und der Kellerei »Emery« ein paar auch international anerkannte Tropfen. Beliebte Sorten sind »Ilios« und »Grand Maître« (beide trockene Weißweine) sowie »Chevalier de Rhodes« (rot, trocken) und, nicht ganz billig, »Villaret« (leichter Weißwein). Auch Sekt und süße Liköre werden auf Rhodos hergestellt. Den Urlaubern haben die Griechen das Biertrinken abgeguckt; »Löwenbräu«, »Carlsberg«, »Heineken« — international bekannte Marken sind fast überall zu haben.

Als Aperitif trinkt man auf Rhodos einen Tresterschnaps (im Inseldialekt *zoúmo*, sonst *tsípouro*) oder auch den bekannten Anisschnaps Ouzo, der oft mit Wasser »gestreckt« wird und sich dann milchweiß färbt. Dazu kommt immer eine kleine Portion kalorienreicher Häppchen, genau wie der Vorspeisenteller *mezés* genannt. In Strandlokalen

ist das oft eingelegter oder gegrillter Tintenfisch *(chtapódi)*, sonst zum Beispiel auch Oliven und Käse, Anchovis oder eingelegte Paprika. Ohne deftige »Unterlage« Alkohol zu trinken ist in Griechenland nicht üblich.

Das Repertoire an alkoholfreien Getränken ist ähnlich groß wie in Mitteleuropa, und fast überall gibt es »Cocktails« aus frisch gepreßten Früchten. Trinkwasser wird abgefüllt verkauft, z. B. »Atáviros«.

Kaffee gibt es in allen nur denkbaren Variationen, neben dem traditionellen starken Mokka als Filterkaffee, Espresso, Cappuccino, Café au lait und Neskaffee. Besonders junge Leute trinken im Sommer oft »nes frappé« (kalter, aufgeschäumter Neskaffee) — ein Getränk, das Menschen mit empfindlichem Magen allerdings gar nicht erst probieren sollten.

Süßigkeiten

Eine Spezialität der griechischen Bäcker ist trockenes, süßes Gebäck, das zum Eintunken in den Kaffee gedacht ist. Diese *voutímata* werden lose verkauft; man kann die verschiedenen Sorten mischen. Sehr gut schmeckt auch *milópita*, eine Art Apfelkuchen. Bei den Kompositionen aus Honig, Nüssen und Sirup, wie sie zum Beispiel die Konditoreien am Mandráki-Hafen anbieten, können auch Kalorienbewußte schwach werden.

Klassische Süßigkeiten sind *baklavás* (eine Art Nußkuchen), *kataífi*, das im Aussehen an ein mit gezuckertem Bindfaden umwickeltes Hörnchen erinnert, und *loukoumádes* (Teigtaschen mit Honig). Alle drei sind garantiert süßer als erwartet. Als unerheblich kalorienärmere Alternative bietet sich *pásta* (Torte) an, und wer ein ganz normales Stück Kuchen haben möchte, bestellt »cake«.

Lokale

Wer die griechische Küche nicht mag, kann auf Rhodos auch »internationale« Gerichte bekommen, die aber oft so schmecken, als habe der Koch nur sehr diffuse Vorstellungen von der Zubereitung. Am besten und oft auch am preiswertesten sind Sie bedient, wenn Sie etwas Einheimisches bestellen. Eins läßt sich jedoch nicht leugnen: außerhalb von Rhodos-Stadt, ihrer Umgebung und Lindos ist das Angebot an Lokalen, die neben dem Essen auch eine ansprechende Atmosphäre bieten, leider mager. Es überwiegen barackenartige Gebäude, hastig hochgezogen, weil der Besitzer sich seinen Anteil am großen Kuchen »Fremdenverkehr« möglichst schnell sichern wollte. Eine ebenso problematische Spezies rhodischer Gastwirte sind die »Umtaufer«: Da hat man in einer gemütlichen Taverne vorzüglich gegessen, läßt sich den (zugegebenermaßen) schwierigen Namen aufschreiben — und wenn man im nächsten Jahr wiederkommt, prangt »Original Greek Fish Tavern« oder ähnliches über dem Eingang. Da bleibt nur zu hoffen, daß der Fisch noch genauso gut schmeckt. Paradoxerweise steht unter dem englischen Namen oft die griechische Bezeichnung für die Art des Lokals — die folgenden Kurzbeschreibungen sollen bei der Orientierung helfen.

Einfach, preiswert, oft auch gemütlich ist die *tavérna*, leicht zu erkennen an den Plastik- oder Papiertischdecken, dem billigen Besteck und den kleinen, dickwandigen Weingläsern ohne Stiel. Im *estiatório* können Sie ein größereres Speisenangebot erwarten; oft lädt die Umgebung aber nicht zum längeren Verweilen ein. Besonders in der Stadt haben sich viele *estiatória* auf das Mittagsgeschäft mit Berufstätigen spezialisiert, die ja sofort nach dem Essen wieder aufstehen. Die gepflegtere (und teurere) Variante des *estiatório* heißt *restaurant*; dort stehen auch internationale Speisen auf der Karte. Die *psistariá* serviert billige Grillgerichte zum schnellen Essen

---

Schwarze Kunst

Wundern Sie sich nicht, wenn jemand die ausgetrunkene Kaffeetasse umgekehrt auf die Untertasse stellt. Dann sitzt wohl eine Frau mit am Tisch, die den Kaffeesatz deutet. Aus den Furchen, die die heruntergelaufene zähflüssige Brühe in die schwarze Schicht an der Innenwand der Tasse gegraben hat, liest sie ab, was die Person, die daraus getrunken hat, in Zukunft zu erwarten hat — und auf Rhodos glauben noch sehr viele an diese Prophezeiungen. Es gibt sogar Frauen, die sich mit dem »Kaffee-Lesen« und anderen Formen der Wahrsagerei ihren Lebensunterhalt verdienen.

oder Mitnehmen, Fisch ißt man am besten in einer *psarotavérna* am Meer.

Nach einem griechischen Pendant zu Kneipe, Weinstube oder Biergarten werden Sie vergeblich suchen; zu einem guten Glas Wein gehört in Griechenland immer auch ein gutes Essen oder mindestens ein *mezés*. Wer nur Durst hat, geht am besten in eine Bar. Im Kafeníon gibt es Mokka, Tee und Erfrischungsgetränke, manchmal auch *oúzo* oder *tsípouro* — allerdings nur für Männer. Natürlich verbietet kein Gesetz den Griechinnen, ins Kafeníon zu gehen. Aber angesichts der männlichen Übermacht bleiben sie freiwillig weg. Frauen trinken ihren Kaffee lieber im *zacharoplastío*, das in etwa dem deutschen Café entspricht und auch für Jugendliche ein beliebter Treffpunkt ist. Die *kafé-bars*, auch »snack bars« genannt, haben Getränke, Süßigkeiten und Kleinigkeiten wie Toast oder Mini-Pizzen im Angebot. Ausstattung und Preise erinnern manchmal an entsprechende Lokale in Italien. Rhodische Fast-food-Lokale haben meist griechische Gerichte im Angebot, die aber für die schlechte Qualität eigentlich noch zu teuer sind.

Wer sicher sein will, daß nicht nur Urlauber an den Nachbartischen sitzen, sollte mittags nicht vor 13.30 Uhr und abends nicht vor 21.30 Uhr Essen gehen. Um 20 Uhr ist für Griechen fast noch Nachmittag und an das Abendessen nicht zu denken. Daß Essen nicht nur Nahrungsaufnahme, sondern auch Kommunikation bedeutet, nimmt man auf Rhodos noch wörtlich. Neue Freunde lädt man eher in die Taverne oder ins Restaurant ein als nach Hause, zwischen den Gängen (oder, so eine typische Redewendung: »zwischen Käse und Birne«) werden Verträge ausgehandelt und politische Seilschaften gebildet.

Menüs werden fast nur im Restaurant angeboten; sonst ist es üblich, die Vorspeisen für alle zusammen und dann die Hauptgerichte zu bestellen. Die Tagesgerichte, die nicht auf der Karte stehen, nennt der Kellner meist unaufgefordert; sonst sollte man ihn fragen. Beilagen wie Pommes frites und Salate kann man genau wie die *mezédes* ein- oder zweimal für die ganze Runde kommen lassen. So kommt das Essen billiger, als wenn jeder einzeln bestellt.

In Griechenland ist es üblich, daß einer für alle zahlt — und oft weigert er sich nachher, von den anderen auch nur einen symbolischen Beitrag zur Rechnung anzunehmen. Eine häufige Variante: Jeder legt seinen Obolus in die Mitte des Tisches, bis der Rechnungsbetrag erreicht ist. Nur mit Mühe haben die griechischen Ober sich daran gewöhnt, daß ausländische Gäste, besonders die Deutschen, fast immer getrennt, oder, wie man das in Griechenland nennt, »deutsch« zahlen. Am besten, man sagt dem Kellner schon bei der Bestellung, wie später abgerechnet werden soll.

Auf den Speisekarten stehen manchmal zwei Preise. Zu zahlen ist dann der rechte, der Mehrwertsteuer und Bedienung einschließt. Das Trinkgeld (fünf bis zehn Prozent) sollte man nur streichen, wenn man mit dem Gebotenen unzufrieden war.

Sonne im Handgepäck

Mit duftendem Thymian, Schafskäse, Oúzo und einem bunten Keramikteller können Sie ein Stück Rhodos mit nach Hause nehmen

Vorsicht, der Rhodos-Urlaub kann teuer werden! Das Warenangebot der Boutiquen, Juweliere und Kunstgewerbeläden kommt nämlich an das einer europäischen Großstadt mühelos heran. Vor allem Rhodos-Stadt und Lindos bieten neben dem üblichen Großstadt-Angebot an Kleidung, elektrischen Geräten, Sportartikeln eine große Palette von Luxus-Artikeln wie Pelze und wertvollen Schmuck. Als Mitbringsel stehen eine Fülle kleiner und größerer, nützlicher und unnützer Gegenstände zur Wahl: Streichholzschachtel-Behälter mit springenden Delphinen darauf, Souvlaki-Spieße mit kunstvoll verziertem Griff, Reise-Távli-Spiele – Dinge eben, wie man sie im Urlaub kauft. Auf jeden Fall sollte man sich erst einmal in mehreren Geschäften umsehen; oft bekommt man denselben Artikel ein paar Straßen weiter für erheblich weniger Geld. Um den Kaufpreis zu feilschen, ist in der Regel nur noch bei sehr teuren und/oder seltenen Waren üblich.

»Ein Schnäppchen machen« kann man bei Importwaren. Auf Rhodos gelten besondere Zollbestimmungen, die 1948 eingeführt worden sind, um der von Besatzung und Krieg gebeutelten Wirtschaft auf die Sprünge zu helfen. So ist zum Beispiel schottischer Whisky auf Rhodos für weniger Geld zu haben als in Schottland. Brillengestelle – und übrigens auch Medikamente – sind billiger als in Deutschland. Wer preiswert essen, trinken oder auch rauchen möchte, sollte zu griechischen Produkten greifen. Viele können sich mit den ausländischen durchaus messen; nicht wenige Urlauber kaufen sich zur Erinnerung eine Dose »Papadópoulos«-Kekse mit Schokolade-Nuß-Füllung, Oúzo, »Metaxá«-Brandy oder eine Stange griechische Zigaretten. Aber Vorsicht – die relativ billigen Traditionsmarken wie »Assos«, »Karélia« oder »Santé« sind fast so stark wie Selbstgedrehte.

Die schönsten sind zwar im Museum, doch die bunten »lindischen Teller« gibt es auch als Souvenirs in reicher Auswahl

Antiken-Kopien

Antike Büsten, Vasen, Öllämpchen und sogar ganze Standbilder gibt es in Rhodos-Stadt in einem Geschäft in der Nähe des Museums zu kaufen, als Repliken versteht sich. Kleine Stücke sind schon für rund 15 Mark zu haben. Auch Ikonen werden dort angeboten. Repliken antiker Preziosen findet man bei Juwelieren.

Eßwaren

Für einen »griechischen Abend« zu Hause können Sie sich einiges aus Rhodos mitnehmen, wenn im Koffer noch Platz ist. Zum Beispiel Oliven und Olivenöl (sehr gut aus Kalamáta, zu haben in Dosen); Schafskäse (die stärker gesalzenen Sorten halten eine Flugreise aus); Gewürze; Pistazien; Süßigkeiten; griechischen Mokka (»Bravo« und andere Marken, in Supermärkten aluminiumverpackt, in der Kaffeerösterei auch lose). Mokka-Töpfchen *(bríki)* nicht vergessen!

Keramik

In der Antike waren die rhodischen Schalen, Krüge, Vasen und Becher über den Mittelmeerraum hinaus berühmt. Zumindest teilweise hat sich die Tradition erhalten: Die Töpfer von Rhodos haben in ganz Griechenland einen guten Ruf, doch die hand- oder fußgetriebene Drehscheibe, wie sie schon in der Antike benutzt wurde, hat der Elektro-Scheibe Platz gemacht. Trotzdem lohnt es sich, eine Töpferei zu besuchen und sich die Gefäße in den verschiedenen Produktionsphasen anzusehen. Spezialität auf Rhodos: bunt bemalte Teller, als Wandschmuck.

Kleidung

Auf Rhodos ist so gut wie alles zu haben, was es auch in westeuropäischen Großstädten gibt, und oft wegen des günstigen Wechselkurses billiger als zu Hause. Es gibt auch Maßschneidereien, die innerhalb von ein paar Tagen ein Hemd oder einen ganzen Anzug anfertigen.

Kombolói

Das Kombolói ist ein typisches Accessoire vor allem der älteren Griechen. Es erinnert an einen Rosenkranz, hat aber keinerlei religiöse Bedeutung mehr. Man(n) sitzt im Kafeníon, läßt die Perlen durch die Finger gleiten und murmelt dabei, wie böse Zungen behaupten, immer dieselben Worte: »Ich hab zu tun, ich hab viel zu tun, ich hab zu tun . . .«. Kombolóia gibt es in allen nur denkbaren Ausführungen: mit Lederband und bunten Plastikperlen (Fußballfans nehmen die Farben ihrer Lieblingsmannschaft) für ein paar Mark pro Stück; mit gelber Schnur, Quaste und ebenfalls gelben Perlen aus Plastik oder, vornehmer, aus Bernstein (die traditionsreichste Version). Klein aber fein ist die Ausführung mit Metallschnur und versilberten oder vergoldeten Perlen. Entsprechend größer gibt es Kombolóia auch als Wandschmuck.

Lederwaren

Taschen, leichte Schuhe und Accessoires wie Geldbörsen oder Gürtel sind auf Rhodos deutlich billiger als z. B. in Deutschland, leider aber oft auch von schlechterer Qualität. Als Geheimtip gelten Schuhe, die gut und preiswert sind.

Musik

Alles, was international up to date ist, kann man auf Rhodos als CD, Schallplatte oder Kassette kaufen; für gute Qualität wird allerdings ähnlich viel Geld verlangt wie bei uns. Auch bei der griechischen Musik ist die Auswahl groß. Ein paar Namen: Mános Chatzidákis (hier bekannt durch die Filmmusik von »Sonntags nie«, die aber für seinen Stil nicht sehr typisch ist); Dioníssis Savvópoulos (ein Alt-Rocker, der mit Songs wie »Scheiß-Griechen« schockt); Eléni Karaíndrou (u. a. Musik zu Theo Angelópoulos'»Bienenzüchter«), Vangélis Papathanassíou (im Ausland unter seinem Vornamen bekannt, Filmmusiken, u. a. Costas Gavras' »Vermißt«), Jórgos Daláras (spezialisiert auf traditionelle Rembétiko-Lieder, aber auch Schlager und Lateinamerikanisches), Cháris Alexíou (Interpretin traditioneller und moderner Stücke, deren Gesangsstil eine Reihe jüngerer Sängerinnen geprägt hat), Nikos Papázoglou (Rembétiko-Stücke, Schlager). Aus dem Riesen-Werk von Míkis Theodorákis, der neuerdings vor allem als Politiker von sich reden macht, sind die von María Farantoúri interpretierten Liederzyklen zu empfehlen.

Pelze

Ausgerechnet Pelzmäntel und -jacken sind bei Rhodos-Urlaubern der Renner. Über 100 Pelzgeschäfte gibt es jetzt schon auf der Insel. Viele auf Rhodos angebotene Pelze kommen aus Kastoriá im Norden Griechenlands. Dort hat man sich auf die Verarbeitung kleiner Pelzstücke spezialisiert. Die Kürschner schneiden sie in dünne Streifen, die dann zu großen Teilen zusammengenäht werden. Die »gestückelten« Mäntel und Jacken sehen genauso aus wie ein Pelz aus einer ganzen Haut, sind aber viel billiger. Es ist aber auf jeden Fall angebracht, um den Preis sehr hart zu feilschen.

Schwämme

Die bekannte Schwammtaucher-Insel Kálymnos, die auch zum Dodekanes gehört, beliefert Rhodos mit gelben und braunen Naturschwämmen. Während der Saison laufen die Taucher manchmal auch den Mandráki-Hafen an, um die Früchte ihrer riskanten Arbeit direkt zu verkaufen.

Teppiche, Stoffe, Häkelarbeiten

In den letzten Jahren haben viele Frauen den Webstuhl wieder hervorgeholt und verkaufen Kelims und Stoffe, z. B. für Bettüberwürfe. Eine »Hochburg« der Teppichweberei ist Archángelos. Manche Weberinnen haben nichts dagegen, wenn man ihnen einmal bei der Arbeit zu Hause über die Schulter guckt; oft reicht eine Nachfrage im Kafeníon, um eine Adresse ausfindig zu machen. Bevor man sich auf den Weg macht, sollte man bedenken, daß der Tagesablauf in den rhodischen Dörfern anders ist als in einer mitteleuropäischen Großstadt: Zwischen 13 und 17 Uhr zu kommen, gilt zumindest im Sommer als unhöflich, und kaum eine Frau wird in der Mittagshitze am Webstuhl sitzen. Oft werden auch feine Strick- und Häkelarbeiten angeboten, allerdings nicht immer »made in Rhodos«.

Bei der Kirchweih rennen die Esel

Den Heiligen sei Dank — sie sorgen mindestens einmal im Jahr für fröhliche Feste mit Musik und Tanz bis in den frühen Morgen

GESETZLICHE FEIERTAGE

1. Januar *Neujahr*
Der Namenstag all derer, die Vassílis (männlich) oder Vassilikí (weiblich) heißen, war früher ein wichtigeres Fest als Weihnachten. In Griechenland bringt der Heilige Vassílios den Kindern die Geschenke. In der Silvesternacht spielen die Männer Karten, um das Glück auf die Probe zu stellen und verlieren dabei oft stattliche Summen. Am Neujahrsmorgen gehen die Kinder singend von Haus zu Haus und bekommen eine Süßigkeit oder etwas Geld. In den Familien wird der »Neujahrskuchen« aufgeschnitten. Wer das eingebackene Geldstück findet, hat, so glaubt man, ein glückliches Jahr vor sich.

6. Januar *Epiphanias*
Am Dreikönigstag wird »das Wasser gesegnet«: Der Geistliche wirft vom Ufer oder vom Schiff aus ein großes Kreuz an ei-

Feste gehören auf Rhodos einfach dazu, und auch in Tracht läßt man es sich schmecken

ner Schnur ins Meer, und junge Männer tauchen danach. Wer es als erster erreicht, bringt das Kreuz dem Geistlichen zurück. Die eindrucksvolle Zeremonie findet auf Rhodos am Mandráki-Hafen statt.

Rosenmontag
26. Februar 1996, 10. März 1997, 9. März 1998

25. März *Nationalfeiertag*
Am 25. März 1821 begann der Freiheitskampf der Griechen gegen die türkischen Besatzer. Gefeiert wird mit Paraden, an denen auch Schüler teilnehmen (müssen); oft tragen sie Volkstrachten oder (die jüngeren) den blauen Schülerkittel mit weißem Kragen. Am selben Tag feiert die Kirche Mariä Verkündigung (auf Rhodos in der Kirche am Mandráki-Hafen). Alle Männer, die Evángelos (Vangélis) und alle Frauen die Evangelía (Vangelió) heißen, haben ihren Namenstag, der in Griechenland wichtiger ist als der Geburtstag.

Ostern 14./15. April 1996, 27./28. April 1997. Für orthodoxe Christen wie die Griechen das größte religiöse Fest. Nicht immer fällt es mit dem Osterfest

MARCO POLO TIPS FÜR FESTE

1 Kirchweih bei Mesanagrós
Am Sonntag nach Ostern strömen die Menschen von nah und fern zum Kirchlein des Heiligen Thomas (Seite 75)

2 Wallfahrt zum Kloster Tsambíka
Hier lebt die alte Volksfrömmigkeit noch fort (Seite 88)

3 Eselsrennen für den Heiligen Soulás
Ein turbulentes Volksfest bei Soroni für den Gefährten des Apostels Paulus (Seite 55)

4 Mammut-Panijiri in Kremasti
Neun Tage lang wird die größte Kirchweih der Dodekanes gefeiert (Seite 54)

der Katholiken und Protestanten zusammen. Strenggläubige Christen fasten vor Ostern 49 Tage. Die Fastenzeit beginnt am Rosenmontag, den viele mit einem Picknick feiern. Höhepunkte des Osterfestes sind die Prozession am Karfreitagabend und der Gottesdienst in der Nacht zum Sonntag. Die Menschen halten Kerzen in den Händen; in der Kirche ist es fast dunkel. Um Mitternacht spricht der Geistliche die Worte »Seht her, nehmt das Licht« und entzündet eine Kerze, deren Flamme weitergegeben wird, bis Kirche und Vorplatz vom Kerzenlicht hell erleuchtet sind. Die Osterkerze mit brennendem Docht nach Hause zu bekommen, gilt als glückliches Vorzeichen. Nach dem Osterfeuerwerk beginnt das große Schlemmen: Noch in der Nacht gibt es Suppe aus Innereien und Eingeweiden, und am Morgen drehen sich überall Lämmer am Spieß. Bis zum Ostermontag, oft auch noch am Dienstag, wird gegessen, getrunken, getanzt, und sogar die kleinsten Dörfer sind voll Leben. Zu Ostern kommen möglichst viele Familienmitglieder, auch aus Athen und aus dem Ausland, ins Dorf zurück, um mitzufeiern. Die Ostereier sind in Griechenland rot, ein Symbol für das Blut Christi.

1. Mai *Tag der Arbeit*

21. Mai *Fest von Kaiser Konstantin und Kaiserin Helena (Eléni)*
Namenstag aller, die die Namen dieser Heiligen tragen (schätzungsweise ein Drittel der Bevölkerung, darunter viele Prominente, wie der Staatspräsident). Früher war an diesem Tag sogar schulfrei.

15. August *Mariä Entschlafung*
Wichtigstes religiöses Fest nach Ostern, gefeiert besonders in den Marienkirchen (z. B. in Kremastí, Embonas).

28. Oktober *Nationalfeiertag*
»Nein-Tag«, zur Erinnerung an die Antwort des griechischen Generals Ioannis Metaxás auf das Ultimatum des Kriegsgegners Italien. Gefeiert ähnlich wie der 25. März, aber mit etwas weniger Aufwand.

24.–26. Dezember *Weihnachten* Früher weniger bedeutend; seit ein paar Jahren ist es vor allem in den Städten genau wie bei uns zu einem reinen Konsumfest mit Essenseinladungen geworden.

LOKALE FESTE

Mindestens einmal im Jahr ist in jedem Dorf *panijíri,* Kirchweih, immer am Namenstag des Schutzheiligen, dem die Kirche geweiht ist; bei den Marienkirchen gibt es mehrere Möglichkeiten. Am Abend vor dem Gottesdienst wird oft auf dem Dorfplatz oder, wenn die Kirche außerhalb liegt, vor der Kirche mit Musik, Tanz und gutem Essen gefeiert. Das Fest findet immer am Tag vor dem angegebenen Datum des Gottesdienstes statt.

März
Rosenmontag: *Karnevalsumzug* in Kremastí

April
23. April: *Namenstag des Hl. Georg,* gefeiert z. B. in Afántou und Kritinía. Liegt Ostern nach diesem Termin, fällt das Fest auf Ostermontag

Traditioneller Volkstanz

Sonntag nach Ostern: *Hl. Thomas,* ★ Fest an der Kapelle des Heiligen bei Mesanagrós

Mai
Erste Maiwoche: *Blumenfest,* mit Wagen-Prozession, Mandráki/Rhodos-Stadt
21. Mai: *Hl. Konstantin,* Thári

Juni
24. Juni: *Sonnenwende*
29. Juni: Fest zu Ehren der Heiligen *Peter und Paul,* Lindos

Juli
12. Juli: *Erzengel Gabriel,* Kloster Kámiros
17. Juli: *Prophet Elias,* auf dem Profítis-Ilías-Berg (die Kapelle liegt neben dem Hotel)
27. Juli: *Hl. Panteleímon,* Siánna
30. Juli: *Hl. Soulás,* ★ Soroní

August
6. August: *Verklärung Christi,* bei Maritsá (in der Nähe von Psínthos im Koumbouli-Gebirge)
14.–23. August: *Mariä Entschlafung,* ★ Kremastí

September
8. September: *Mariä Geburt.* Große Feierlichkeiten im ★ Unteren Kloster Tsambika und im Skiádi-Kloster
14. September: *Tímios Stavrós.* Das alte Fest vom »Heiligen Kreuz« lebt in Kalithiés, Malónas und Apóllonas fort

Oktober
18. Oktober: *Evangelist Lukas,* Afántou

November
8. November: *Taxiarchen.* Archángelos ehrt seine Patrone, die Erzengel

Trutzige Mauern unter blauem Himmel

In der alten Ritterstadt ist immer für Abwechslung gesorgt

Morgens ein Bad im Meer. Nachmittags ein Rundgang auf Stadtmauern aus der Ritterzeit mit Blick auf türkische Moscheen und ein Bummel durch die Läden in der Altstadt; ein Besuch der antiken Tempel über der Stadt, dann ein Abendessen zur Feier des Tages in einem schwimmenden Nobelrestaurant und schließlich, Mitternacht ist längst vorbei, gewöhnt man seine Ohren in einer Musikkneipe an die Klänge des Bousoúki.

Einkaufen fast wie im Orient — mit Blick auf die Süleiman-Moschee

So könnte ein Urlaubstag in Rhodos-Stadt aussehen. Ein Parcours durch die Jahrtausende, von der Antike bis heute, mit einer Flut völlig verschiedenartiger, einander oft widersprechender Eindrücke, die man gar nicht so schnell verarbeiten kann.

Hektisch wie eine moderne Stadt überall auf der Welt; verträumt wie ein altes Dörfchen in der Provence; respekteinflößende Mauern aus der Ritterzeit und geschmacklose hastig hochgezogene Billigbauten, Minarette und kunstvoll schlichte Marmorsäulen antiker Tempel — all das ist Rhodos-Stadt.

Hotel- und Restaurantpreise

Hotels
Kategorie 1: über 75 Mark
Kategorie 2: 40 bis 75 Mark
Kategorie 3: unter 40 Mark

Die Preise gelten pro Person und Tag bei zwei Personen im Doppelzimmer mit Frühstück

Restaurants
Kategorie 1: über 40 Mark
Kategorie 2: 20—40 Mark
Kategorie 3: unter 20 Mark

Die Preise gelten für ein Essen mit Vor-, Haupt- und Nachspeise inklusive Wein

Ein Ort, der Kontroversen geradezu herausfordert. Am besten, man klammert die Inselhauptstadt bei der Inselrundfahrt einfach aus, sagen die einen. Lieblos hingeklatschte Häuser, ausgesucht häßliche Hotels, Fastfood-Buden, Souvenir-Kitsch en masse, Verkehrslärm, überfüllte Strände — nicht zu empfehlen. Andere schwören auf die Schönheit und den Charme der Altstadt, die Faszination des Hafens, die beeindruckende Palette von Geschäften und Boutiquen. Und wo sonst drängen sich auf so engem Raum Erinnerungsstücke aus drei Jahrtausenden und (mindestens) drei Kulturen, vom filigranen Armreif einer wohlhabenden Dame der Antike bis zu einer vollständig erhaltenen Geschäftsstraße aus dem Mittelalter? Wo sonst wird Urlaubern auch abends so viel Unterhaltung geboten — gute Restaurants, Musikkneipen, Tanz zum Staunen und Mitmachen?

Die Wahrheit liegt, wie immer, irgendwo in der Mitte. Alles, was Fans und Verächter über Rhodos-Stadt sagen, stimmt. Wer sie allerdings links liegen läßt und sofort in sein kleines Ferienapartment an der Ostküste weiterfährt, bringt sich um ein kontrastreiches aufregendes Erlebnis.

Wie ein riesiger Krake streckt die Stadt ihre Tentakeln nach allen Seiten aus, überwuchert die Vororte und umschlingt die Dörfer der Umgebung — so eng, daß manchmal nur noch am Ortsschild zu erkennen ist, wo die Grenzen verlaufen. Bezeichnend ist die immer wiederkehrende Frage der ankommenden Urlauber im Reisebus, der sie vom Flughafen abholt und an der Westküste entlang Richtung Inselhauptstadt fährt: »Sind wir jetzt in Rhodos-Stadt?« Das erste Mal fragen sie in Paradíssi, das zweite Mal in Ialyssos, das dritte Mal in Ixiá. Dort steht vielleicht das Hotel, das sie gebucht haben — aber die Innenstadt ist immer noch rund zehn Kilometer weit weg. Ixiá war noch vor 20 Jahren

MARCO POLO TIPS FÜR RHODOS-STADT

1 Altstadt
Jeder Stein ist sehenswert — wenn das auch zu viele Touristen wissen! Spazieren Sie am frühen Morgen durch die Gassen, vielleicht erhaschen Sie auch einen Blick in einen der Innenhöfe (Seite 40)

2 Rodini-Park
Erholung vom Stadttrubel beim Picknick im Grünen (Seite 54)

3 Volkstanz-Theater
Bei Nelli Dimóglou kann man die echten griechischen Tänze erleben — und auch in Kursen erlernen (Seite 51)

4 Thermen von Kallithéa
Hier sollen schon Roms Kaiser gekurt haben. Die modernen Römer statteten das Bad dekorativ mit einem Hauch von Orient aus (Seite 53)

ein unbedeutendes Dorf an der Westküste. Heute ist es, wenn auch inoffiziell, ein Teil von Rhodos-Stadt.

An der ganzen Strecke steht ein Hotel neben dem anderen; die meisten sind hoch, klotzig und grau oder allenfalls weiß. Hier sind sie wieder, die Bausünden der sechziger und siebziger Jahre, die so viele Küsten Südeuropas verschandelt haben. Schade, daß der Reisebus nicht geradeaus weiterfährt, um das Kap herum. Wer es zu Fuß umrundet, sieht plötzlich hinter einer Biegung, auf einer Landspitze, die sich vorwitzig ins Meer hineinschiebt, ein zierlich wirkendes helles Gebäude, förmlich umzingelt von Hotels und Cafeterias. Das Aquarium von Rhodos ist für viele Neuankömmlinge der erste Gruß aus der Zeit v.T. — vor dem Tourismus.

Wie Teile eines sehr großen, sehr einfachen Puzzles liegen die drei Bezirke der Stadt um die Hafenbecken herum. Ganz innen, am Handelshafen, die Altstadt. Sie »gehört« im Winter den Einheimischen und im Sommer den Urlaubern. In dem Viertel, das sich an den Mandráki-Hafen anschließt, liegen Hotels, Souvenirläden, Fast-food-Lokale. Dort ist im Sommer quirliges Leben, im Winter weisen geschlossene Türen und Fensterläden jeden ab, der sich außerhalb der Saison auf die Insel verirrt.

Das größte Puzzlestück ist das eigentliche Wohngebiet von Rhodos-Stadt. Die Häuser und Straßen könnten in jeder beliebigen Stadt im Süden Europas liegen. Hier wohnt man, geht morgens zur Arbeit und kommt erst abends wieder zurück. Die meisten Geschäfte verkaufen Alltägliches: Jeans und Sweatshirts, Schulhefte und Kaugummis, Kochtöpfe und Blumenvasen. Da ist kaum etwas, was an einen Ferienort erinnert.

Abends macht man sich auf den Weg zum Mandráki-Hafen, in die Altstadt oder in eins der umliegenden Dörfer. Ohne die Stammgäste aus Rhodos-Stadt könnten die Spezialitätenrestaurants und Tanzlokale dort gar nicht bestehen.

Das Wohnviertel ist von der Altstadt durch die alten Stadtmauern und Grünflächen getrennt. Im Südosten ist es am breitesten, verjüngt sich dann und schmiegt sich wie ein weiches Halstuch an die Häuser der Altstadt.

Rhodos-Stadt per Auto zu erkunden, ist für Ortsfremde reiner Nervenkitzel. Während die einheimischen Autofahrer sich mit geradezu traumwandlerischer Sicherheit durch die kleinen, vollgeparkten Straßen lavieren und ihr Ziel in der Innenstadt tatsächlich erreichen, steht der Urlauber mit seinem Stadtplan in der Hand oft da wie der berühmte Ochs vorm Berg und tüftelt Winkelzüge aus, die dann in der Praxis immer wieder an dem runden roten Schild mit dem weißen Balken in der Mitte scheitern. Fast möchte man meinen, daß auf jeden der rund 55 000 Bewohner von Rhodos-Stadt eine Einbahnstraße kommt.

Auch Radfahrern, die es mit den Verkehrsregeln genau nehmen, kann es passieren, daß sie zwei- dreimal am Aquarium vorbeikommen, bis sie ein Schlupfloch gefunden haben. Eine besonders harte Nuß für Stadtfremde ist die Angewohnheit der Verantwortlichen, Einbahnstraßen häufiger mal die Richtung wechseln zu lassen. Da fährt man in eine Straße hinein, immer dem blauen, pfeilförmigen Schild nach und sieht plötzlich auf der Fahrbahn dicke weiße Richtungspfeile, die dorthin zeigen, woher man kommt. Keine Panik. Die Einbahnstraße verlief eben gestern (oder vor vier Wochen oder vor einem Jahr) noch andersherum!

Am besten, man nimmt den Bus, zum Beispiel an der Odós 28. Oktovríou und fährt erst einmal mit der Line 1, 2, oder 4 zum Mandráki-Hafen oder gleich zur alten Stadtmauer am Handelshafen, *Emborikó limáni*. Oder man geht zu Fuß außen herum, am Wasser entlang. Auch für die Altstadt gilt: Zu Fuß!

★ Die Altstadt von Rhodos hat nämlich etwas Gefährliches an sich: Sie fasziniert, verwirrt, führt in die Irre. Man fängt die Entdeckungsreise langsam an, geht staunend durch die Straße der Ritter, die so aussieht, als seien die Menschen, die hier vor 500 Jahren wohnten, nur mal eben in den Häusern verschwunden. Weiter geht's, vorbei an dem mächtigen Großmeisterpalast, dann in die Einkaufsstraße Odós Sokrátous, ein bißchen bummeln, im Café *Kárpathos* etwas trinken . . .

Irgendwann biegt man ab in eine Gasse, fasziniert von einem blumenüberwucherten Hauseingang, folgt dem gewundenen Gäßchen rechts herum, links herum, noch einmal rechts . . . Am Türkischen Bad ist man vorbeigekommen, am Volkstanz-

Theater, hat zwischendurch eine Kleinigkeit gegessen, in einer winzigen Bäckerei ein paar Süßigkeiten gekauft — jetzt brennen die Füße . . .

Ganze Tage könnte man in der Altstadt verbringen und immer wieder noch etwas Neues entdecken. Über 30 Gebäude und Plätze gelten als »sehenswert«. Mancher Stadt würde eine einzige dieser »Sehenswürdigkeiten« genügen, um ihre Gäste zum Besuch des »historischen Stadtkerns« einzuladen. Die Altstadt von Rhodos, eigentlich ein riesiges Freilichtmuseum, hat dabei gar nichts Steifes und Museales an sich. Die Gebäude werden zum Teil noch benutzt — in der Straße der Ritter zum Beispiel sind der Archäologische Dienst und andere Stellen des griechischen Kulturministeriums untergebracht. Wer kann schon von sich behaupten, in einem Bürohaus aus dem Mittelalter zu arbeiten? In Rhodos-Stadt ist das nichts Ungewöhnliches.

Die Altstadt ist kein Ort, dessen Schönheit man nur genießen kann, wenn er menschenleer ist. Die Gebäude leben durch die Menschen, die in ihnen wohnen oder staunend vorbeigehen, wie es Touristen nun einmal tun. In der Hochsaison allerdings wird es schon mal zu viel mit den Bewunderern. Wer in dieser Zeit da ist, sollte frühmorgens kommen, um die Altstadt und ihre Menschen zu erleben, wenn sie »unter sich« sind. (**F 1**)

BESICHTIGUNGEN

Ein Hinweis vorweg: Die Öffnungszeiten (und auch die Eintrittspreise) können sich ändern.

Zum Glück liegen die meisten Gebäude nicht weit voneinander entfernt, und Wartezeiten lassen sich in der Altstadt auf angenehme Art überbrücken — man geht einen Kaffee trinken, stöbert in den Geschäften an der Sokrátous-Straße (und vergißt dabei womöglich den Museumsbesuch).

Aquarium

In einer deutschen Stadt gehen Eltern mit ihren Kindern sonntags vielleicht in den Zoo. Auf Rhodos führt der Familienausflug in den Rodini-Park oder ins Aquarium, eine Hinterlassenschaft der italienischen Besatzer. In dem zierlich wirkenden Pavillon am Kap Koloumboúrnou vermutet man allerdings eher ein Jugendstil-Café als ein Hydrobiologisches Institut. Im Keller sind ein meeresbiologisches Museum und die Aquarien untergebracht, in denen Fische und andere Meerestiere aus griechischen Gewässern zu sehen sind: Brassen, Barsche, die stachligen Drachenköpfe, Seeigel und Seesterne. *Tgl. 9–21 Uhr, Eintritt 600 Drs., Kalímnou Lérou*

Großmeisterpalast

Wie ein Wahrzeichen der Stadt thront die mächtige Burg über den Häusern der Altstadt. Im Großmeisterpalast war das Machtzentrum des Johanniter-Ordens, 200 Jahre lang Vorposten des christlichen Abendlandes im Kampf gegen die Osmanen. Von italienischen Kaufleuten in Jerusalem gegründet und 1099 vom Papst bestätigt, spielte der Orden eine wichtige Rolle während der Kreuzzüge. Aus dem Heiligen Land vertrieben,

Innenhof des Großmeisterpalastes

kamen die Ritter 1291 erst nach Zypern, bis sie 1309 unter dem Großmeister Foulquet de Villaret Rhodos eroberten und zur größten befestigten Stadt des Mittelmeerraumes ausbauten. Nach der türkischen Eroberung der Insel ließen sie sich in Malta nieder, das ihnen Karl V. 1530 überlassen hatte — aus den Johannitern wurden die Malteserritter. Der Großmeister herrschte wie der Fürst eines souveränen Staates über den weltlichen Besitz des Ordens. Er wurde von Wahlmännern aus den verschiedenen Sektionen des Ordens (»Zungen«) auf Lebenszeit gewählt.

Der ❈ Palast stammt so, wie er heute aussieht, aus den dreißiger Jahren unseres Jh. Das ursprüngliche Gebäude wurde im späten 14. Jh. erbaut. Dazu gehörte die Hauptkirche des Ordens; sie war dem Ordensheiligen Johannes geweiht und stand westlich von der Eingangshalle.

Nachdem die Türken Rhodos erobert hatten (1522), diente das Gebäude als Gefängnis, die Palastkirche als Kuhstall und die Hauptkirche als Moschee; in den Gewölben wurde das von der Belagerung übriggebliebene Pulver gelagert. 1856 kam es durch einen Blitzschlag zu einer Explosion, die Johannes-Kirche flog in die Luft und die umliegenden Gebäude, darunter der Großmeisterpalast, wurden stark beschädigt. Ähnliche Unglücke hat es in Griechenland mehrmals gegeben; auch der Parthenontempel auf der Akropolis hat den größten Teil seiner Beschädigungen durch die Explosion eines Pulvermagazins erlitten.

Von dem ursprünglichen Gebäude sind nur wenige Teile erhalten geblieben, darunter das Eingangsportal mit den beiden halbrunden Türmen. Den italienischen Architekten, die den Großmeisterpalast wiederaufgebaut haben, werfen Fachleute vor, schlechte Arbeit geleistet zu haben. Das Gebäude sollte dem italienischen König und dem Diktator Benito Mussolini als repräsentativer Wohnsitz dienen, wenn sie Rhodos einmal besuchten — was sie aber nie getan haben. So ist das Obergeschoß ein gutes Stück zu klotzig geraten

Die beiden halbrunden, zinnenbewehrten Türme des Hafentores

und, der schlimmste Fauxpas: die Fußböden wurden mit antiken Mosaiken von der Insel Kos geschmückt wie sie kein Ritter, auch der Großmeister nicht, jemals in seinen Räumen gehabt hat. Zur Ehrenrettung der italienischen Architekten und Restauratoren sei gesagt, daß dies wohl ihr einziger Ausrutscher gewesen ist. Andere Gebäude aus der Ritterzeit wurden originalgetreu rekonstruiert. *Juli und August Di−Fr 8−19, Sa−So 8.30−15 Uhr, sonst Di−So 8.30−15 Uhr, Eintritt 1200 Drs., Platía Kleovoúlou*

Hafen

Einen Namen sollten Sie sich gleich einprägen: Mandráki. Sie werden ihn immer wieder hören, wenn Sie nach dem Weg fragen. Wo ist die Touristeninformation? In Mandráki. Wo finde ich den Markt? In Mandráki. Wo kann man ein Boot mieten? Na? Mandráki heißt übersetzt »kleiner Schafpferch«. Woher der antike Kriegshafen von Rhodos-Stadt seinen heutigen Namen hat, weiß niemand genau. Eine Erklärung besagt, daß das mit seiner Bauweise zu tun haben könnte: Der Mandráki-Hafen sieht aus wie eine Zange und umschließt die Schiffe wie der Pferch die Schafherde.

Wer mit dem Schiff kommt, wird an der Hafeneinfahrt von Hirsch und Hirschkuh, den Wappentieren der Insel, begrüßt. In der Antike soll der »Koloß von Rhodos« dort gestanden haben. Vom Meer aus gesehen links steht heute der runde Turm der mächtigen Ágios-Nikólaos-Festung aus dem 15. Jh.; die drei Mühlen auf der Mole sind wahrscheinlich etwa genauso alt.

Mandráki wird aber auch der Bezirk hinter dem eigentlichen Hafen genannt. In Mandráki fahren die Linien- und die Überlandbusse ab, in Mandráki ist der große Taxistand.

Und der Markt. Das Gebäude der Néa Agorá ist nicht zu übersehen: Es hat sieben Ecken, ist aber nur eineinhalb Stockwerke hoch. Unter den Arkaden zur Hafenseite hin ist eine Reihe von Cafés, die bis spät in die Nacht voll besetzt sind. Dort gibt es die auf Rhodos so beliebten, ursprünglich türkischen Süßigkeiten wie Baklavás und Kataïfi. Am großen Kiosk zwischen den Cafés werden internationale Zeitungen und Zeitschriften verkauft. Im Innenraum der Néa Agorá ist täglich außer sonntags ◈ Fischmarkt; dort sind ein paar kleine Restaurants sowie Souvenirläden. Leider hat der Markt viel von seinem ursprünglichen Flair verloren.

Mandráki fasziniert immer wieder neu: Hafen-Flair, Markt-Trubel, großstädtische Betriebsamkeit. Natürlich hat das Juwel viele Bewunderer. An manchen Tagen sind es so viele, daß sie sich am »Eleftherías-« (Freiheits) Tor, das auf dem kürzesten Weg zur Altstadt führt, auf die Füße treten − nicht zuletzt deshalb, weil auch Autos das Freiheitstor passieren und für Fußgänger rechts und links nur ein schmaler Streifen vorgesehen ist.

Monte Smith

Wie jede griechische Stadt, die aus der Antike stammt, hat auch Rhodos-Stadt ihre Akropolis. Von den Tempeln ist leider nicht mehr allzuviel übrig; der Ausflug auf den etwa 110 Meter hohen Berg lohnt sich aber trotzdem, weil man von dort aus die ganze Stadt einmal sieht: Altes und Neues, Schönes und Häßliches. Seinen unpassend anmutenden heutigen Namen verdankt der Burgberg dem Oberbefehlshaber der britischen Marineeinheiten, die im frühen 19. Jh. auf Rhodos stationiert waren. Ihre Aufgabe war es, das östliche Mittelmeer zu überwachen und vor möglichen Angriffen der Truppen Napoleons zu schützen, der zu dieser Zeit seinen Ägypten-Feldzug führte.

Die Italiener gaben dem Berg den Namen Monte San Stefano; so wird er heute noch gelegentlich genannt. Er liegt im Westen der Stadt und ist mit dem Linienbus gut zu erreichen. Dreieinhalb Säulen eines Apollo-Tempels, ein wiederaufgebautes Theater und ein teilweise rekonstruiertes Stadion – das sind die spärlichen Überreste. Sie reichen aber aus, um einen Eindruck davon zu gewinnen, wie es hier einmal ausgesehen hat.

Vom Monte Smith kann man Rhodos-Stadt in ihrer ganzen Widersprüchlichkeit bewundern. ☙ Ausblick Nummer eins bietet sich gleich am Anfang, dort, wo die Busse der Reisegesellschaften halten. Das Westküstendorf Ixiá präsentiert sich vom Rand des Berges als ein Klumpen aus wucherndem Asphalt und Beton; Großhotels wie das »Metropolitan Capsis« ragen in den Himmel.

Um ☙ Ausblick Nummer zwei zu genießen (das ist diesmal wörtlich gemeint), muß man auf den höchsten Punkt des Monte Smith steigen, wo die Grundmauern zweier Tempel

zu sehen sind. Von dort blickt man auf den schönen Teil der Westküste, der hinter dem Flughafen beginnt, auf die Insel Sími und die Küste Kleinasiens. Ein besonderer Genuß ist dieses Panorama bei Sonnenuntergang. *Ständig zugänglich, zu erreichen über die Odós Voríou Ipírou, Neustadt, Bus Nr. 5 ab Mandráki/Néa Agorá*

Rejab-Pascha-Moschee

Als die Türken 1522 Rhodos erobert hatten, gaben sie der Insel ein völlig neues Gesicht. Bisher ungewohnte Kuppelbauten und Minarette tauchten auf, aus Kirchen wurden Moscheen, Lagerräume oder Kuhställe; manche ließ man auch einfach verfallen. Den Bauten aus der Türkenzeit ging es dann bei den Italienern ähnlich, sie wurden vernachlässigt oder umfunktioniert. Auch die Rhodier restaurieren die Moscheen, wenn überhaupt, sehr langsam, so daß die meisten zur Zeit nur von außen zu besichtigen sind.

So auch die Rejab-Pascha-Moschee an der kleinen Platía Doriéos mitten in der Altstadt. Sie gilt als die schönste von Rhodos, vor allem wegen ihrer einst berühmten Ausstattung mit Fayencen. Zur Zeit kann man nur den malerischen Anblick von Minarett und Reinigungsbrunnen genießen. *Platía Doriéos*

Ritterstraße

Schnurgerade zieht sich die Odós Ippotón vom Ordenshospital der Johanniter-Ritter, in dem heute das Archäologische Museum untergebracht ist, zum Großmeisterpalast. Rechts und links liegen die Herbergen der verschiedenen »Zungen« des

Ritterordens, geschmückt mit den Wappen der jeweiligen Großmeister. Die schönste gehörte den französischen Rittern und liegt etwa in der Mitte. Die Ritterstraße ist die einzige spätmittelalterliche Wohnstraße, die erhalten geblieben ist. Sie ist sehr schlicht und wirkt fast langweilig, wenn kein Mensch darin zu sehen ist. *Odós Ippotón, Altstadt, ständig zugänglich. Besichtigungen von Innenräumen nicht möglich.*

Stadtmauern

Die schönsten Ausblicke auf die Minarette und Hinterhöfe der Altstadt hat man von den mittelalterlichen Stadtmauern. Zum Hauptwall gelangt man durch das Kanonentor der Loggia des Großmeisterpalastes, der höher liegt als die übrige Altstadt. Das Kanonentor wird zweimal in der Woche für kurze Zeit geöffnet. Wer den Termin verpaßt hat und sich einen Eindruck von den mächtigen Stadtmauern und -toren verschaffen will, kann vom Eleftherías-Tor aus außen um die Stadtmauern herumlaufen — der Rundgang dauert über eine Stunde. *Gang über den Hauptwall vom Großmeisterpalast, Di, Sa 14.45 Uhr, Eintritt 1200 Drs.*

Süleiman-Moschee

Der rosafarbene Bau am oberen Ende der Einkaufsstraße Odós Sokrátous stammt aus dem 19. Jh. und ist ein Neubau der Moschee, die dort unmittelbar nach der Eroberung von Rhodos gebaut wurde. *Meist verschlossen*

Türkisches Bad

Der große Kuppelbau aus dem 18. Jh. dient heute als öffentliche Badeanstalt (Dimotiká Lutrá),

viele Häuser der Altstadt haben nämlich keine Badewanne. Auf die Annehmlichkeiten der echten türkischen »Hamams«, wie Dampfbad und Massage, muß man in der öffentlichen Badeanstalt von Rhodos-Stadt leider verzichten. *Mi–Sa 7–19 Uhr, Eintritt 500 Drs., Platía Aríonos, Altstadt, Tel. 27739*

Türkischer Friedhof

Ein stimmungsvoller Platz am nördlichen Ende der Platía Eleftherías. Die Moschee in der Mitte trägt den Namen des Admirals Murad Reis, der bei der Belagerung von Rhodos fiel und ebenfalls dort begraben ist. *Ständig zugänglich, Platía Eleftherías, Neustadt*

Uferstraße

Die Eleftherías ist streckenweise so breit, daß die Autos sich darauf verlieren. Rechts und links liegen imposante, klassizistisch anmutende Gebäude. Die Post zum Beispiel residiert in dem Prachtbau, der schon türkischen Präfekten und italienischen Gouverneuren als Amtssitz gedient hat.

Gegenüber, neben dem Bischofspalast, liegt die orthodoxe Evangelismos-Kirche; die frühere Hauptkirche der Johanniter wurde 1925 von den Italienern nach alten Zeichnungen rekonstruiert.

Uhrturm

Wegen der herrlichen Aussicht auf Dächer und Türme der Altstadt lohnt es sich, auf den Turm zu klettern. Das Glockenspiel funktioniert pünktlich! *Odós Orféos 1, Altstadt, Tgl. 9–19 und 21–23 Uhr, Eintritt inkl. Erfrischungsgetränk 800 Drs.*

Archäologisches Museum

Sehenswert ist vor allem das Gebäude, in dem das Museum untergebracht ist, das Ordenshospital der Ritter. Es stammt aus dem 15. Jh. und ist ein schlichter Bau mit einem großen Innenhof, der auf allen Seiten von Arkadengängen umgeben ist. Die eine Seite wird ganz von dem 50 Meter langen Krankensaal der Ritter eingenommen. Die medizinische Versorgung im Hospital soll so gut gewesen sein, daß sogar aus dem Ausland Patienten kamen.

Die größten Kostbarkeiten des Museums sind eine kleine Marmorstatue, die um das Jahr 100 v. Chr. entstanden ist und »Kauernde Aphrodite« genannt wird; eine Grabstelle aus dem 5. Jh., die zwei Frauen zeigt — vermutlich waren sie Mutter und Tochter und heißen nach der Inschrift auf dem Stein Krito und Timarista, und eine große, vor Rhodos im Meer gefundene Aphrodite-Statue. *Di—So 8.30—15 Uhr, Juli/August Di—Fr 8—19 Uhr, Sa und So 8.30—15 Uhr, Eintritt 800 Drs., Odós Apéllou, Altstadt*

Ikonen-Ausstellung

Für die Sammlung von Ikonen und Wandmalereien ist die kleine Marienkirche aus dem 12. Jh. der richtige Rahmen. Sakrale Musik vom Tonband stimmen den Besucher schon am Eingang auf die Ausstellung ein. In dem kühlen Raum mit den Gesichtern der Heiligen auf dunklem Holz sprechen alle unwillkürlich viel leiser. Ein Ort, an dem man sich von den Eindrücken aus der lauten turbulenten Stadt erholen und zur Besinnung kommen kann. *Di—So 8.30—15 Uhr, Eintritt 600 Drs., Panagia tou Kástrou, am alten Stadttor*

Museum für Dekorative Kunst

Ein volkskundliches Museum mit einer großen Sammlung lindischer Teller. *Di—Fr 8.30—15 Uhr, Eintritt 500 Drs., Platía Argirokástru, Altstadt*

Städtische Gemäldegalerie

Mit dieser Einrichtung hat Rhodos den meisten anderen griechischen Provinzstädten etwas voraus: Außerhalb Athens gibt es in Griechenland nur wenige Möglichkeiten, sich einen Überblick über zeitgenössische Kunst zu verschaffen. In der kleinen Galerie finden sich Arbeiten von Wegbereitern der griechischen Malerei des 20. Jhs. wie Fótis Kóntoglu und Spíros Vassilíu, aber auch Bilder und Skulpturen zeitgenössischer Künstler. *Mo—Sa 8—14 Uhr, Eintritt 500 Drs., PlatíaSímis, Altstadt*

Wie alle griechischen Städter gehen die Rhodier für ihr Leben gern gut essen, und sie sind auch bereit, dafür einige Kilometer mit dem Auto zu fahren. Sowohl in Rhodos-Stadt als auch in den Dörfern der Umgebung ist die Auswahl an guten Restaurants so groß, daß man sie wohl kaum alle ausprobieren kann.

Akropolis

Gartenlokal mit einer großen Auswahl an schmackhaft zubereiteten Spezialitäten. *Odós Sofokléous 16, Altstadt, Tel. 2 97 45, Kategorie 2*

Captain's House

⊕ Das Lokal ist beliebt bei Einheimischen, die einmal gepflegt essen gehen möchten, und daher nicht mehr ganz billig. Zu den Spezialitäten zählt ein »vegetarisches Menü« aus verschiedenen Gemüsesorten. *Odós Anthoúlas Zervoú 2, Neustadt, Tel. 2 68 36, Kategorie 2*

Cleo's

Gute italienische und französische Küche. Nur abends geöffnet. *Odós Agíou Fanouríou 17, Altstadt, Tel. 2 84 15, Kategorie 1*

Dinóris

Wer Fisch mag, ist dort richtig: Das Restaurant hat sich auf Meeresfrüchte in allen Variationen spezialisiert. Zusätzliches Plus (das sich aber auch etwas in den Preisen niederschlägt): Bei »Dinóris« speist man in einem historischen Gebäude. *Platía Mousíou 14 a, Altstadt, Tel. 2 58 24, Kategorie 2*

Hollands

Holländisches Restaurant, das neben zahlreichen, bei Kindern sehr beliebten Pfannkuchen-Variationen auch gute indonesische Küche bietet. *Aktí Miaoúli 20, Neustadt, Kategorie 2*

Kringlan's

Schwedische Konditorei, die morgens um 7.30 Uhr öffnet. Leckere gefüllte Croissants. *Odós Amarántou 20, Neustadt, Tel. 7 53 66, Kategorie 3*

Lindos

Ein relativ »schmuckloses« Restaurant, das gute griechische Küche bietet. Der beste Beweis dafür: Einheimische kommen oft zum Mittagessen hierher. *Platía Gavriíl Charítas, Neustadt, Tel. 2 44 21, Kategorie 2*

Oasis

Ausschließlich griechische Gerichte, auf traditionelle Art gekocht. *Platía Doriéos, Altstadt, Kategorie 2*

Queen's Garden

Chinesische Gerichte, mit oder ohne Stäbchen auf einer schönen Terrasse. *Odós Valaorítou 1, Neustadt, Tel. 3 53 60, Kategorie 2*

Socratous Garden

Gartenlokal in der Altstadt, in dem man unter Palmen gut griechisch essen kann. Auf den Korbstühlen und an zwei langen Tresen sind aber auch Gäste willkommen, die nur Eis essen oder etwas trinken möchten – zum Beispiel die Spezialität des Hauses: Melonenschnaps. *Odós Socratoús 126, Tel. 2 01 53, Kategorie 3*

Steki

⊕ Übersetzt heißt der Name der Dorftaverne so viel wie »Stammlokal«. Bei Einheimischen wie Feriengästen ist sie sehr beliebt. Zu trinken gibt es Urgriechisches: Retsína (geharzten Wein), der auf Rhodos allerdings kein traditionelles Getränk ist, und den Anisschnaps Ouzo. Die Speisen, meist Fischgerichte, werden auf großen Tabletts zum Aussuchen an die Tische gebracht. *Asgoúrou, Tel. 6 21 82 Kategorie 2*

Symposium

Wer an der Altstadt-Atmosphäre und an der griechischen Küche Gefallen gefunden hat, ist in diesem Lokal richtig. Es liegt in einem umgebauten Altstadt-

Haus; auf der Speisekarte stehen Mezédes wie gefüllte Weinblätter oder Auberginen-Paste *(melitzanosaláta)* und Hauptgerichte wie geschmortes Rindfleisch oder gegrillte Scampi. *Odós Archélou 3, Altstadt, Tel. 3 75 09, Kategorie 2*

EINKAUFEN

Der Einkaufsbummel ist eine ständige Versuchung, weil vieles günstig zu haben ist. In der Neustadt wimmelt es zum Beispiel von guten Bekleidungsgeschäften, die auch international bekannte Marken führen.

Brouzakis
Hier gibt es Filme, Batterien und anderes, was (Hobby-) Fotografen im Urlaub brauchen. Die Fotohandlung bietet auch die in Griechenland sehr beliebte »Schnell-Entwicklung« an; nach einer Stunde sind die fertigen Abzüge abholbereit. *Odós Sofoklí Venizélu 47, Neustadt Tel. 2 75 77*

Casts & Reproductions
Wenn Ihnen im Archäologischen Museum ein Stück gut gefallen hat — ein paar Schritte weiter, in dem vom griechischen Kulturministerium betriebenen Geschäft, können Sie vielleicht eine Replik davon kaufen oder bestellen. *Ecke Odós Apéllou/Ritterstraße, Tel. 3 10 481 12*

Hair Studio Unisex Salon
Guter Friseursalon für Damen und Herren. *Odós Iróon Politechniou 1, Neustadt, Tel. 3 11 58*

Ilías Laloúnis
In der Filiale des international bekannten Athener Schmuckdesigners (auch in Paris, London, New York, Genf vertreten) werden Sie sich fühlen wie die sympathische, aber mittellose Audrey Hepburn als Hollie in dem Film-Klassiker »Frühstück bei Tiffany«: Alles glänzt so verführerisch, und nichts kann man kaufen … Nach einigem Stöbern entdecken Sie vielleicht aber doch etwas, was zu Ihren Finanzen paßt. *Platía Megalou Alexándru, Altstadt, Tel. 2 47 93*

Manuel
Ein gutsortiertes Schallplattengeschäft in der Neustadt. Sie bekommen dort griechische Schallplatten, Musikkassetten und CDs ausgezeichneter Qualität (beraten lassen!), aber auch alles, was international gerade aktuell ist. *Odós Amerikis 89, Tel. 2 82 66*

Nikos & Takis
In einem ehemaligen türkischen Harem in der Altstadt bieten die beiden Athener Nobel-Designer auf drei Etagen ihre Kollektion feil, darunter hauchdünne Blusen, handbemalte Schals und elegante Kleider. Ganz billig sind die schönen Stücke allerdings nicht; die Preise beginnen bei rund 70 Mark. *Odós Panetíou 26—28, Tel. 2 20 58*

HOTELS

Am preiswertesten wohnt es sich in einem kleinen Altstadthotel. Allerdings muß man manchmal auf Komfort verzichten und seine Körperpflege im öffentlichen (»türkischen«) Bad erledigen. Allerdings wird jetzt viel modernisiert, viele Häuser haben wenigstens Etagenduschen. Im Viertel hinter dem Hafen muß man

---

Stilblüten im Blätterwald

Nicht nur Griechisch, auch Deutsch ist eine schwere Sprache, wie folgenden Ratschlägen aus einem rhodischen »Guide« zu entnehmen ist.

Fußball: Wenn Sie keinen Gefallen an einem Fußballspiel auf der Straße finden sollten, dann müßten sie zum Stadion von Rhodos gehen.

Unterseefischen: Es ist in ordnung! Achten sie nur darauf, daß es verboten ist, nach archäologischen Überresten zu kramen, die sie dort unten finden werden sollten.

Jogging: Wir würden ihnen raten, sooft wie möglich Jogging zu treiben, außen wenn sie daran gewöhnt sind in London, Paris, Milano oder New York dieser Sportart nachzugehen. Wo sie auch herkommen mögen, seien sie bitte vorsichtig! Die Luft hier hat sehr viel Sauerstoff.

---

damit rechnen, ein Zimmer zur lauten Straße zu erwischen. Der Vorteil eines solchen Quartiers: Man kann per Linienbus oder sogar zu Fuß zwischen Strand, Kultur und Einkaufsstraßen pendeln.

Andreas Rooms

❂ Die familiäre Privatpension liegt im nördlichen Teil der Altstadt; von der Aussichtsterrasse kann man den Blick über die Dächer genießen. Saubere Zimmer, Etagenduschen und -Toiletten. *Odós Omírou 28 d, Tel. 3 41 56, Fax 7 42 84, Kategorie 3*

Angela

Das einfache, mittelgroße Hotel (120 Betten) liegt in einer Seitenstraße der Neustadt. Die Zimmer haben Bad und Dusche, gefrühstückt wird auf der Dachterrasse. Zum Hauptstrand von Rhodos sind es ca. 500 Meter. *Odós 28. Oktovríou 7, Tel. 2 40 14, Kategorie 3*

Irini

Direkt neben dem Kirchlein der heiligen Irene in Koskinoú hat das Ehepaar Rados sein kleines Apartment-Haus *(20 Betten)* gebaut. Es ist geeignet für Urlauber, die in einem ruhigen, noch ziemlich »griechischen« Dorf Ferien machen wollen. Für die Hausherrin Maria Rados gehören die Gäste immer auch mit zur Familie, und wenn sie mit ihren Sprachkenntnissen nicht weiterkommt, hilft die älteste Tochter. Frische Bettwäsche und Handtücher gibt es zweimal pro Woche; dabei wird auch geputzt. Das Dorf selbst bietet mehrere gute Tavernen und Restaurants, Kafenia, Kaufläden sowie einen Supermarkt. Wegen der schlechten Busverbindung empfiehlt sich zumindest zeitweise ein eigenes Fahrzeug; es gibt zwei Mopedverleiher. *Koskinoú, 8 km nach Rhodos-Stadt, Tel. 6 30 00 und 6 19 44, Kategorie 2*

Niki's Rooms

Die modern ausgestattete Pension liegt ziemlich zentral; 25 Betten. *Odós Sofokléus 39, Altstadt, Tel. 2 51 15, Kategorie 3*

S. Nikolas' Hotel

Sotiris Nikolis und seine Frau Marianne, eine Dänin, haben mehrere Altstadt-Häuser zu einem kleinen Hotel mit zehn Zimmern und vier Apartments umgebaut. Die Zimmer sind im traditionellen Stil geschmackvoll eingerichtet; alle haben Telefon und Bad. Bisher kommen vor allem amerikanische Gäste. Das Frühstücksbüffet auf einer großen Terrasse mit schöner Aussicht kostet extra. *Odós Ippodámou 61, Tel. 3 62 38, Fax 3 20 34, Kategorie 1*

SPIEL UND SPORT

Radfahren

Viele Ferienziele auf Rhodos sind mit dem Rad zu erreichen. Immer mehr Motorradverleiher, Souvenirgeschäfte und Hotels entdecken dies Geschäft. Die Räder, die man für zur Zeit umgerechnet rund acht Mark pro Tag bekommt, sind leider oft eine Zumutung, wenn nicht sogar gefährlich, weil zum Beispiel die Bremsen nicht funktionieren. Alékos Sarrís vermietet robuste schwedische Dreigang-Tourenräder und einige wenige Mountainbikes. Bei rechtzeitiger Anmeldung rüstet er sogar ganze Gruppen aus. *Bicycle Center, Odós Griva 39, Neustadt, Tel. 2 83 15*

Reiten

Pferde sind in Griechenland noch überwiegend für die Landarbeit da. Einer der beiden Reitställe von Rhodos liegt am Weg zum Filérimos-Berg. *Mike's Horses, Odós Keramedénia, tgl. 9.30–13.30 und 16–20 Uhr, Tel. 2 13 87*

Tennis

Wer es den internationalen Tennis-Stars nachtun oder einfach in Form bleiben möchte, braucht keine Stunde auszulassen. Hier kann man sich seinen »Court« mieten: *Strandcafé Elli, Platía Kountouriótou, Neustadt, Mo–Sa 10–20, So 10 bis 14 Uhr, Tel. 2 57 05 Tennisplatz Keramónero bei Rhodos-Stadt, Mo–Sa 10–20, So 10–14 Uhr, Tel. 2 82 18*

Wassersport

Rhodos und Umgebung lassen kaum Wünsche offen. An allen großen Stränden kann man Surfboards und Tretboote mieten oder sich auf Wasserskiern versuchen. Surfer haben an der Westküste den besten Wind.

Boote der gängigen Größen, bis hin zu wettkampftauglichen Segelbooten, kann man mit oder ohne Crew im Mandráki-Hafen mieten. Informationen und Buchung bei: *Yacht Agency Rhodos, Odós Virónos 1, Neustadt, Tel. 2 29 27, Fax 2 33 93*

AM ABEND

Nirgendwo auf der ganzen Insel werden Sie ein so breites Unterhaltungs-Angebot finden wie in Rhodos-Stadt. Allgemeiner Hinweis: Lokale, in denen Live-Musik gespielt wird, sind vor 22 Uhr entweder geschlossen oder gähnend leer.

Casino

Wenn Sie nach Einkaufsbummel, Essen und Disko noch Geld übrig haben, hier ist die Gelegenheit, es loszuwerden — oder Ihr Barvermögen vielleicht aufzustocken. Im Internationalen

Spielcasino neben dem Grand Hotel Astir Palace können Sie Ihr Glück beim Roulette, Black Jack, Chemin de Fer oder auch an einem Einarmigen Banditen auf die Probe stellen. *Aktí Miaoúli, Tel. 2 44 58 und 2 59 53*

Down Under

🕱 Uriger Pub mit internationalem Publikum. *Odós Orfanídou 37, Neustadt, Tel. 3 29 82*

Elli

◈ In der Musikkneipe werden die Gäste mit Rembétiko-Liedern in Stimmung gebracht, bis der erste aufsteht, um zu tanzen. Typischer Liedtext: »Nimm deine schmutzigen, ungewaschenen, weggeworfenen Sachen und hau ab, mein Freund, was willst du noch von mir?« *Aktí Kountouriótι 6, Neustadt, Tel. 2 68 00*

Le Palais

🕱 Disko, groß, grell und bunt. *25. Martíu 2, Neustadt, Tel. 3 42 19*

La Scala

🕱 Diese Disco ist zur Zeit der In-Treff der einheimischen Jugend. *Ixiá, hinter dem Hotel Rhodos Palace, Tel. 3 32 67*

Stars

🕱 Die Cafeteria ist vor allem bei der einheimischen Jugend beliebt. Spezialitäten sind Eis aller Art, Fruchtsäfte und Cocktails. *Odós Ioánni Kazaíli 6, Neustadt, Tel. 3 41 59*

Sticky Fingers

🕱 Wer sagt, daß man in Griechenland keine Rock-Musik hören kann? Im »Sticky Fingers« gibt es sie, und zwar live. *Anthoúlas Zervoú 6, Tel. 3 57 44*

Ton und Licht

Bei allen Vorbehalten gegen solche Spektakel: Dieses lohnt sich. Im Mittelpunkt steht der Großmeisterpalast, dessen Geschichte durch einen eingängigen Text sowie die geschickt dosierten Licht- und Geräuscheffekte lebendig wird. Zwischen April und Oktober fast jeden Abend Vorstellungen in mehreren Sprachen; der Plan ist neben der Kasse angeschlagen. *Eintritt 1000 Drs., Platía Rimíni, Tel. 2 19 22*

Volkstanz-Theater Nélli Dimóglou

★ Die Idee kommt aus Athen: Dort hatte die renommierte Tanzpädagogin Dóra Strátou vor Jahrzehnten ein eigenes Volkstanz-Theater begründet. Ihre Schülerin Nélli Dimóglou hat es ihr nachgetan. Das Ensemble zeigt die klassischen griechischen Volkstänze, jeweils in den traditionellen Originaltrachten der Region. Danach hat man auf jeden Fall einen Eindruck davon gewonnen, wie die griechischen Tänze »richtig« getanzt werden, wenn auch manches fast ein bißchen zu perfekt einstudiert wirkt. Auch klassische Volkslieder werden vorgetragen. Für Gruppen ab 5 Personen, die sich selbst einmal an den Schritten versuchen wollen, veranstaltet Nélli Dimóglou das ganze Jahr hindurch regelmäßig einwöchige Intensivkurse. *Preis pro Person und Kurs, mit freiem Eintritt ins Theater, etwa 50 000 Drs. Anmeldung Tel. 2 01 57*
Vorstellungen während der Saison tgl. außer Sa. 21.20 Uhr, sonst Mo–Fr, Odós Androníkou 7, Altstadt, Eintritt auf allen Plätzen 2500 Drs., Tel. 2 90 85

Zorbás

◈ In dem Kellerlokal gibt es Rembétika und griechische Schlager live; später kann das Publikum tanzen. *Odós Iróon Politechníou 4, Neustadt, Tel. 3 64 30*

Griechische Zentrale für Fremdenverkehr

Mo—Fr 7.30—15 Uhr, Ecke Makaríou und Papágou Straße, Tel. 2 32 55, Fax 2 69 55

Fremdenverkehrsamt Rhodos-Stadt

Platía Rimini, Mándráki, Mo—Sa 9—20 Uhr, Tel. 3 59 45

ZIELE IN DER UMGEBUNG

Ziele in der Umgebung — das ist eigentlich die ganze Insel. Wir bleiben hier zunächst in Stadtnähe, dazu werden zwei Inselausflüge vorgeschlagen. Der Hafen ist im übrigen der ideale Ausgangspunkt für Inselhüpfer — in etwa vier Stunden z.B. ist man auf Kos oder Kárpathos — oder für einen Tagesausflug zur türkischen Küste.

Filérimos   (E 2)

Für die Bewohner von Rhodos-Stadt ist der Filérimos-Berg ein beliebtes Naherholungsgebiet. Auf dem 267 Meter hohen Plateau ist es sogar im Sommer relativ kühl, und der Weg nach oben bietet immer wieder ⚘ schöne Ausblicke auf die Küste. Hier stand einst die Akropolis des antiken Ialyssos.

Man verläßt die Stadt auf der Westküstenstraße und biegt in Triánta links ab; der Weg ist ausgeschildert. Für die Fahrt den Berg hinauf sollte man sich Zeit nehmen — die vielen Serpentinen erlauben ohnehin keine hohe Geschwindigkeit. Nur etwa 20 Minuten von der quirligen Innenstadt entfernt ist man hier in einer völlig anderen Welt: mächtige Kiefern rechts und links, Kräuterduft, zirpende Zikaden. Kommt einmal ein Auto oder ein Moped, hört man es schon von weitem. Filérimos heißt übersetzt »Freund der Einsamkeit«. Angeblich trägt der Berg diesen Namen schon seit dem Mittelalter, als ein Eremit sich dort niedergelassen hatte.

Die Gebäude und Ruinen auf dem Filérimos-Berg stammen aus drei Jahrtausenden. Am besten erhalten wirkt das Kloster aus dem 10. Jh.; italienische Archäologen haben es vor dem Zweiten Weltkrieg auf den Ruinen der alten Gebäude wieder aufgebaut. Zwischen den Arkaden des Hofes ranken sich üppige Bougainvilleen an den Wänden hoch, der Kies ist frisch geharkt. Kaum zu glauben, daß hier schon lange kein Mensch mehr wohnt.

Auf den ersten Blick kaum zu sehen ist das Kirchlein des Ágios Géorgios Chostós. Es ist ein gutes Stück in den Hang eingesenkt, wie der Beiname Chostós (vergraben, versteckt) schon sagt. Die Fresken darin zeigen Szenen aus dem Leben Christi (darunter den Verrat durch Judas, die Geißelung und Kreuzigung), aber auch kniende Ritter und das achtzackige Kreuz der Johanniter. Das Kirchlein ist allerdings nicht immer geöffnet.

Ganz oben auf dem Plateau stehen Reste eines kleinen Athenatempels aus dem 3. und 2. Jh.

v. Chr., einer frühchristlichen Basilika und mehrerer Kapellen aus dem 15. und 16. Jh.

Bei einem Rundgang sieht man Reste der Mauern, die in byzantinischer Zeit errichtet wurden und das Gelände vor Angriffen schützen sollten. Für Johanniter-Ritter, Türken und Italiener war der Filérimos-Berg ein strategisch wichtiger Punkt; deshalb sind die Mauern mehrmals restauriert worden. Der Spaziergang lohnt sich aber vor allem wegen der Ausblicke auf die Küste und das Bergland im Südwesten, die man dabei genießen kann. Am Kiosk vor der Kasse gibt es Erfrischungsgetränke und den Likör »Sette Erbe«, der seinem Namen nach sieben Kräuter enthält. *Ausgrabungsstätten Di–Fr 8.30 bis 18, Sa–Mo 8.30–15 Uhr, Eintritt 800 Drs. Die anderen Wege sind frei zugänglich. 5 km ab Ialyssos, Bus nach Rhodos-Stadt*

Thermen von Kallithéa   **(F 2)**
★ Bis zum Zweiten Weltkrieg hatte Rhodos neben Sonne, Meer und Kultur noch eine Attraktion zu bieten: ein Thermalbad. Im feinen Kurort Kallithéa an der Ostküste kurierten gutsituierte Herrschaften ihr Rheuma und Krankheiten, über die man nicht sprach wie Nierenleiden oder chronische Verstopfung. Während des Krieges wurde das Thermalbad bombardiert; der größte Teil der Gebäude ist aber zumindest teilweise erhalten; ein Verein kümmert sich jetzt um die Renovierung. Die Bauten des italienischen Architekten Pietro Lombardi haben etwas Orientalisches: Die — zur Zeit trockene — Quelle, aus der schwefelhaltiges Wasser sprudelte, ist von einem Kuppelbau umgeben; durch die Fenster und Arkaden fällt warmes Sonnenlicht. Die Palmen rundherum geben einen Schuß Exotik dazu.

Wie der Kurort in seinen besten Zeiten ausgesehen haben könnte, zeigt der Film »Urlaub auf Rhodos« aus der englischen Krimi-Serie »Die Abenteuer des Hercule Poirot«. Ein großer Teil des Eifersuchtsdramas mit tödlichem Ausgang wurde 1989 in

Nostalgisches Badevergnügen in der Felsenbucht von Kallithéa

den Thermen von Kallithéa gedreht. Die Anlagen werden renoviert und sollen demnächst wieder in Betrieb genommen werden. Eine Wirkung hat das schwefelhaltige Wasser bestimmt; dafür spricht die lange Reihe von Toiletten. Unterhalb der Anlage ist ein kleiner Sandstrand; an einem Kiosk kann man kalte Getränke und Snacks kaufen. 15 km

Kremasti (E 2)

Attraktion des Dorfes an der Westküste ist die große der »Panagía Kremastí« (Hängenden Muttergottes) geweihte Kirche, die von Rhodos-Stadt aus gleich am Ortseingang steht. Ihr Beiname wie auch der Name des Ortes gehen auf eine Legende zurück. An einem Olivenbaum, so erzählt man sich, hing eines Tages eine Ikone der Muttergottes, und genau an dieser Stelle hat man ihr eine Kirche gebaut. Die Ikone ist auf jeden Fall sehenswert.

Kremastí ist der einzige Ort auf Rhodos, der am Rosenmontag einen Karnevalsumzug macht. Narren in bunten Kostümen — die meisten sind Kinder — ziehen durch das Städtchen. Noch berühmter ist das große ★ Fest der Muttergottes im August. Neun Tage lang wird gefeiert, mit mehrstündigen Gottesdiensten (allerdings bleibt nur der Geistliche von Anfang bis Ende). Die Kirchweih von Kremastí ist das größte Spektakel dieser Art auf dem Dodekanes. 20 km

Rodíni-Park (F 2)

★ Die »grüne Lunge« von Rhodos liegt zwischen dem Monte Smith und der Straße nach Líndos. Zwischen Pinien, Platanen und Zypressen fließt ein kleiner Bach mit Wasserfällen und Teichen. Hirsch und Hirschkuh, die rhodischen Wappentiere und kretische Wildziegen werden in einem Gehege gehalten, auf den Wegen spazieren Pfauen herum. Am schönsten ist der Rodíni-Park natürlich im Frühjahr. Am Rosenmontag kommen viele Familien zum traditionellen Picknick hierher, das die Fastenzeit eröffnet. Oberhalb des Platzes sind auf einem Plateau mehrere in einen Felsen gearbeitete Gräber zu sehen. Griechenlandreisende des 19. Jh. haben das schönste »Ptolemäergrab« getauft; die Einheimischen nennen es auch *koúfio vounó*, hohler Berg. Im Sommer wirkt der Rodíni-Park manchmal leider ausgetrocknet und vernachlässigt. *Zu erreichen über die Odós Stéfanou Kasoúli oder mit dem Bus Nr. 3 ab Mandráki.* 3 km

Sími (O)

Als überall in Griechenland dem »Fortschritt« zuliebe pittoreske alte Häuser abgerissen und durch gesichtslose Betonklötze ersetzt wurden, haben die Bewohner der Insel Sími statt dessen ihre alten Häuser instandgesetzt oder allenfalls neue gebaut, die zu den anderen paßten. Aus dieser klugen Zurückhaltung schlagen sie heute Kapital: Sími gilt als eine der malerischsten Inseln der gesamten Ägäis. Entsprechend beliebt sind die Tagesausflüge zu dem Inselchen, das nach zwei Stunden Bootsfahrt als ein pastelliges Etwas aus dem Meer auftaucht. In der Hochsaison legt zwischen 11 und 15 Uhr ein

Auf der Insel Sími wurden die alten Häuser liebevoll restauriert

Boot nach dem anderen an. Beschauliches Insel-Leben kann man während dieser Zeit nur genießen, wenn man schnell aus der Hafengegend flüchtet. Attraktionen von Sími sind das große Kloster Panormítis, der obere Teil des Hauptortes, von dem man einen sehr schönen Blick ⤴ auf den Hafen hat und der kleine Badestrand Pédi. Wer sich spontan entschließt, in Sími zu übernachten, braucht nur auf seinem Schiff Bescheid zu sagen und kann dann in einem der Hotels und Reisebüros am Hafen nach einem Zimmer fragen. Abends, wenn die Tagestouristen fort sind, wird es idyllisch, und auch eine Wanderung ins Innere lohnt sich. *Tgl. Boote vom Mandráki-Hafen, ohne Vorbuchung; alle Reisebüros organisieren Ausflüge; eine weitere Möglichkeit sind die »Linienboote«, die nach einem Stopp auf Sími nach Tílos weiterfahren.*

Soroní   (C 3)
Das »rote Dorf« an der Westküste — angeblich wählen über ein Drittel der Bewohner kommunistische Parteien — ist vor allem wegen der Wallfahrtskirche des Heiligen Soulás bekannt. Sie liegt etwa 4 km von Soroní entfernt an der Straße nach Eleússa. Am 30. Juli wird der Namenstag des Schutzheiligen gefeiert — und am Tag davor ein großes ★ Volksfest mit reichlich Essen, Tanz und einem Esel-Wettrennen. Ein Besuch lohnt sich jederzeit wegen der reizvollen Waldlandschaft. 25 km

Tílos
Die Mini-Insel (300 Ew.) hat zwar wenige, dafür aber sehr treue Bewunderer, die oft schon seit Jahren kommen, um hier zwei, drei Wochen lang »die Seele baumeln zu lassen«. Wer Trubel braucht, sollte Tílos meiden! Es gibt (noch) keine Bars und Diskos; die einzige touristische Attraktion ist eine Höhle, in der Archäologen versteinerte Knochen prähistorischer Zwergelefanten gefunden haben. Wer mit dem »Linienboot« kommt (Tagesausflüge werden noch nicht sehr oft angeboten), muß mindestens eine Nacht auf Tílos bleiben. Unterkunft bietet zum Beispiel die kleine, gepflegte Pension *Irini, Tel. 5 32 93, Kategorie 3*

Im Zauber mythischer Landschaft

Ein riesiges Freilichtmuseum mittelmeerischer Kultur, dazu Badefreuden an der Ostküste und stille Dörfer im Hinterland

Eine mittelalterliche Burg auf einem Felsen, darunter, an den Berg geschmiegt, schneeweiße niedrige Häuser. Kein Beton, keine Autos. Ein Bild wie aus einer anderen Zeit – und deshalb ist der 800-Seelen-Ort, den die griechische Regierung schon vor Jahren unter Denkmalschutz gestellt hat, eine der ganz großen Attraktionen nicht nur von Rhodos, sondern von ganz Griechenland. Leider, möchte man manchmal sagen und ein großes Schild »Wegen Überfüllung geschlossen« an den Ortseingang stellen. Von April bis Oktober schieben sich die Menschen an den historischen Häusern vorbei, wie man es sonst nur in Kaufhäusern während des Schlußverkaufs sieht.

Wer aus Richtung Rhodos-Stadt mit dem Auto oder Moped nach Lindos kommt, fährt an der Straßengabelung hinter Kála-

thos geradeaus weiter, vorbei an den Hotels in der Vlícha-Bucht und an steinigen Berghängen. Den ersten und zugleich schönsten ✴ Blick auf Lindos hat man hinter einer Kurve auf dem letzten Stück des Weges. Es lohnt sich, anzuhalten und die Aussicht auf Burg, Häuser und Strand zu genießen. Meist stehen dort aber schon ein paar Autos oder ein Reisebus, davor ein Pulk fotografierender Menschen. Lindos ist eben längst kein Geheimtip mehr.

Während der Saison hat man nur dann eine Chance, einen Parkplatz in Ortsnähe und den einen oder anderen unverstellten Blick auf die Häuser zu erwischen, wenn man möglichst früh am Morgen kommt. Zwischen neun und zehn Uhr laden die ersten Reisebusse ihre menschliche Fracht auf der Platía Eleftherías (Freiheitsplatz) ab. Auch Taxis und Linienbusse haben hier ihre Endstation. Danach geht es nur noch zu Fuß oder auf dem Eselsrücken weiter. Die dreiräd-

Die Säulen der Akropolis von Lindos, Zeugen vergangener Pracht

rigen, knatternden Karren, auf denen das Gepäck der Gäste in die Ferienwohnungen gebracht wird, dürfen als einzige Kraftfahrzeuge durch die mit runden Kieseln gepflasterten Gassen von Lindos fahren.

In den Ortskern von Lindos führt die Odós Akropóleos, die für die Bezeichnung »Straße« ein gutes Stück zu schmal ausgefallen ist. Reisebüros, Cafés und Souvenirläden säumen die paar Schritte Weg bis zum Esel-und-Muli-Parkplatz auf der rechten Seite. Für umgerechnet fünf Mark, die man den Besitzern vor Antritt des Ritts in die Hand zu drücken hat, übernehmen die geduldigen Tiere den Transport von Urlaubern auf den 116 Meter hohen Burgberg.

Geschiebe hin, Gedränge her: Einmal sollte man mindestens durch die verwinkelten Gassen bummeln. Es lont sich allein wegen der »Kapitänshäuser«, die während der Türkenherrschaft von wohlhabenden einheimischen Seefahrer-Familien erbaut wurden. Man erkennt sie sofort an dem grauen Naturstein, der in der Gegend um das Dorf Lárdos in besonders großer Menge vorkommt und deshalb auch so heißt.

Auf Badespaß braucht man in der Hafenstadt Lindos natürlich nicht zu verzichten. Unterhalb des Ortes liegt eine Bucht mit zwei schönen Sandstränden (hier kommen auch die Ausflugsboote von Rhodos an) und auf der Rückseite des Burgberges die fast geschlossene Bucht Ágios Pávlos. Hier soll der Apostel Paulus an Land gegangen sein, um die Bewohner von Lindos zum Christentum zu bekehren. Den ganzen Ort mit den weißen Säulen der Akropolis sieht man unglücklicherweise von der Müllkippe aus am besten. (**E 9**)

BESICHTIGUNGEN

Akropolis

★ Der Burgberg von Lindos bietet auf engem Raum einen Querschnitt durch die Geschichte der Insel: Aus allen wichtigen Zeitabschnitten sind dort Zeugnisse gefunden worden — vom Feuerstein-Werkzeug aus der Jungsteinzeit bis hin zu der wuchtigen Kreuzritter-Festung, hinter deren Mauern alles andere verschwindet. Die antiken Bauten sind erst zu Beginn unseres Jahrhunderts von dänischen Archäologen wieder ans Tageslicht gebracht worden. Wer zu Fuß geht, folgt einfach den Schildern durch den Ort. Nach ungefähr einem Drittel des Weges kommt man an der Kirche der Muttergottes vorbei. »Zu Esel« wird man auf einer anderen, etwas längeren Strecke ans Ziel gebracht.

Der Berg steigt von Norden nach Süden stufenweise an, so daß vier Plateaus entstanden sind. Gleich auf dem ersten kann man eine Verschnaufpause machen und den 🌸 Blick auf den Strand genießen. Zu sehen sind außerdem die Öffnungen von drei Zisternen, ein Turm aus byzantinischer Zeit und mehrere Säulenbasen mit Inschriften. Sie gehörten zu den Statuen, die vermögende Bürger einst für das Heiligtum der »Athena Lindia« stifteten. Es gibt einen ziemlich sicheren Hinweis darauf, was aus diesen Statuen geworden ist: Im Jahr 42 ließ der römische Admiral und Politiker Cassius (er war später an der Ermordung Cäsars beteiligt) 3000 Statuen von Rhodos nach Rom schaffen — die meisten kamen aus Lindos.

In den Felsen ist das Relief eines Schiffes eingearbeitet — eine Reverenz der Bewohner von Lindos an einen erfolgreichen General ihrer Stadt, der im 2. Jh. v. Chr. gelebt hat.

Der wohl anstrengendste Teil des Weges ist die »Besteigung« der Johanniter-Festung. Besonders im Sommer sehnt manch müder Wanderer das Ende der steinernen Treppe herbei. Oben angekommen, geht man durch das gewölbte Eingangstor und ist nach ein paar Schritten mitten im Altertum: an den Wänden antike Altäre und die Sockel von Denkmälern, draußen eine Mauer und darauf ein paar Säulen — die Reste einer Säulenhalle aus hellenistischer Zeit, die sich mit 87 Metern Länge über die ganze Akropolis erstreckte.

Breit lagert die Burg über dem weißen Dorf und der Bucht von Lindos

Treppe zur Akropolis von Lindos

Die schlanken dorischen Säulen des Athena-Tempels, das wohl meistfotografierte Motiv auf dem Burgberg, stehen ganz oben, auf dem vierten Plateau. Was erhalten ist, stammt aus dem 4. Jh. v. Chr. Mit rund 22 m Länge und 8 m Breite ist der Tempel relativ klein — aber antike Bauten, die so harmonisch in ihre natürliche Umgebung eingepaßt sind, findet man sogar in Griechenland selten. In alle Richtungen ist die ❀ Aussicht frei, und ein Blick scheint schöner als der andere: Im Süden die Ágios-Pávlos-Bucht mit der kleinen, dem Apostel geweihten Kapelle. Im Norden das Kap der Hafenbucht mit dem Grab des Kleoboulos, einem kleinen Rundmausoleum aus hellenistischer Zeit. Im Osten das Meer. Und im Westen, gleich unterhalb des Berges, die Dächer von Lindos. *Di—So 8.30—15 Uhr (im Sommer eventuell länger), Eintritt 1200 Drs., Film- und Video-Erlaubnis zusätzlich 1000 Drs.*

Kapitänshäuser

Architektonisch eine gelungene Mischung aus arabischen, byzantinischen, ägäischen und den Lindos eigenen Elementen — man sieht, wie weit die Seeleute im 17. Jh. gekommen sind auf ihren Reisen und wieviel Reichtum sie ansammeln konnten, ungehindert oder sogar gefördert von den türkischen Besatzern. Der natürliche Hafen von Lindos, in dem die Schiffe der reichen Kapitäne anlegten, ist heute wirtschaftlich bedeutungslos; nur Yachten und Fischerboote schaukeln vor der Mole.

Der Hof eines Kapitänshauses ist fast immer mit einem *kochláki*-Mosaik aus schwarzen und weißen Kieseln ausgelegt, wie auch viele Kirchenvorplätze — eine Technik, die sich bis in die Antike zurückverfolgen läßt. Beliebte Motive waren die rhodischen Wappentiere Hirsch und Hirschkuh und geometrische Muster. Gegenüber dem Eingang lag immer die *sála*, der größte Raum des Hauses. Hier schlief die ganze Familie, und hier wurden Gäste empfangen.

Die Wände der *sála* sind mit wertvollen, bemalten Keramiktellern geschmückt; die ältesten sind wohl Mitbringsel der Seeleute aus der Türkei, später sollen auch Töpfer aus Lindos die berühmten »lindischen Teller« hergestellt haben. Sie waren nicht als Eßgeschirr, sondern als Wandschmuck gedacht und haben deshalb an der Rückseite eine Art Öse, durch die ein Nagel paßt. In moderner Ausführung kann man sie heute in jeder Keramikwerkstatt und in den Souvenirläden kaufen. Eine ganze Reihe der alten Häuser ist zu besichtigen; viele werden als Ferienwohnungen vermietet.

Marienkirche

Ein Rundgang durch die Hauptkirche von Lindos lohnt sich vor allem wegen der über 80 Fresken − eigentlich ist das ganze Gotteshaus eine riesige, religiöse Bildergeschichte. Die Kirche liegt mitten im Dorf; der Fußweg zur Akropolis führt an ihr vorbei. Von oben sieht der Kuppelbau aus wie ein Kreuz; der Altarraum erscheint im Grundriß als Ausbuchtung über dem Querbalken.

Erbaut wurde die Kirche im 15. Jh; die Fresken stammen aus dem späten 18. Jh. Der Fußboden aus weißen und schwarzen Kieseln zeigt ein einfaches Wellenmuster. An den Wänden sind neben Szenen aus dem Leben Christi und der Muttergottes Darstellungen aus der Schöpfungsgeschichte zu sehen und, eine Seltenheit, Illustrationen des Akáthistos-Hymnus, der, wie der griechische Name sagt, im Stehen, und nicht, wie sonst üblich, im Sitzen gesungen wird. In den 24 Strophen wird die Muttergottes als Erlöserin der Menschheit von ihren Sünden verherrlicht − eins der letzten Bilder zeigt zum Beispiel, wie sie vom Himmel herabsteigt und die Menschen erleuchtet.

RESTAURANTS

Zumindest das Essen ist in Lindos immer etwas teurer als anderswo − dafür sind die Restaurants stilvoller eingerichtet, und meist schmeckt es dort auch. Den Speisekarten merkt man an, daß Lindos eher eine englische als eine deutsche Urlauber-Hochburg ist. Originalität ist leider keine Stärke der Gastronomen und Bar-Besitzer von Lindos. Jedes Jahr folgen fast alle irgendeinem Trend: Mal sind Restaurants mit Dachterrasse »in«, mal kleine Bars mit »original kochláki«-Innenhof − und die Wahrscheinlichkeit, daß man sein Stammlokal im nächsten Urlaub wiederfindet, ist in Lindos, von einigen »sicheren« Adressen abgesehen, noch geringer als anderswo.

Alexis

Die kleine Bar-Cafeteria an der Odós Akropóleos nicht weit vom Ortseingang serviert ein gutes englisches Frühstück, Snacks, Fruchtsäfte und Cocktails. Aus der beeindruckenden Schallplatten-Sammlung hinter der Bar werden tagsüber griechische Scheiben aufgelegt, abends ist Internationales dran. *Tgl. 8−24 Uhr, Odós Akropóleos, Tel. 3 15 93, Kategorie 2*

Grill on the Hill

Das relativ neue Restaurant hat bei Einheimischen bereits einen guten Ruf. Es bietet internationale Küche und dazu den Blick über die Bucht von Lindos. *Platía Eleftherías (Ortseingang), Tel. 3 18 34, Kategorie 2*

Mavríkos

Hier kann man den Tag stimmungsvoll ausklingen lassen, Bus und Taxi im Blick: Das Restaurant liegt direkt am Ortseingang. Die Gasträume erinnern an alte Gewölbe; man kann auch auf einer schönen Terrasse sitzen. Es gibt griechische Fleisch- und Fischspezialitäten wie Lammkoteletts oder Schwertfischfilet. *Platía Eleftherías, Tel. 3 12 32, Kategorie 2*

Symposium

Ein Gourmet-Tempel in einem restaurierten alten Haus mitten im Ort. Serviert wird sehr gute griechische und internationale Küche. Spezialitäten: Steaks und erlesene Meeresfrüchte wie z. B. Hummer, aber auch preiswertere Fleisch- und Fischgerichte. *Odós Apostólou Pávlou, Tel. 3 12 60, Kategorie 2*

Triton

Wer am Haupt-Strand von Lindos Appetit verspürt, braucht nicht weit zu laufen. In der Freiluft-Taverne gibt es mittags und abends frischen Fisch, aber auch Fleisch- und Nudelgerichte oder, für den »kleinen Hunger« einen Bauernsalat. Am Tresen, der mit einem *kochláki*-Mosaik verziert ist, werden frischgepreßte Fruchtsäfte und Cocktails serviert. *Tel. 3 12 22, Kategorie 2*

Blick auf die Dächer von Lindos

Überspitzt gesagt ist Lindos eine einzige große Einkaufspassage: Schmuck, Keramik, Teppiche, Kleider im Folklore-Stil — das Angebot ist riesig, und man fragt sich, ob die zahllosen Läden, Lädchen und Buden rechts und links der engen Gassen eigentlich auf ihre Kosten kommen. Seien Sie unbesorgt — an die 10 000 Menschen werden an manchen Tagen durch Lindos geschleust, und fast alle kaufen etwas, sei es auch nur eine Kleinigkeit, weil der Einkaufsbummel in der stimmungsvollen Umgebung einfach so viel Spaß macht. Bei teuren Sachen sollte man allerdings überlegen, ob es nicht sinnvoll sein könnte, in Rhodos-Stadt danach Ausschau zu halten — dort ist manches billiger.

Es gibt mehrere Supermärkte; bei »Lindos« zum Beispiel wandelt man auf Mosaikfußboden an den Regalen vorbei und kann sich auch spät abends noch eine Flasche Wein, Obst oder ein Croissant kaufen.

Es ist zwecklos, die restaurierten alten Häuser vorzustellen, die heute als Ferienwohnungen dienen: Sie sind fest in der Hand von Reiseveranstaltern (hauptsächlich aus Großbritannien) und allenfalls in der Nebensaison für ein paar Tage zu mieten. *Auskunft: Rhodos Express, Odós Ethnárchou Makaríou 45, Rhodos-Stadt, Tel. 2 13 03*

Steps of Lindos

Die Hotel- und Bungalow-Anlage (310 Betten) an der Vlícha-

Bucht sieht von weitem aus wie die Miniatur-Ausgabe des traditionsreichen Dorfes: Weiße Häuschen, an einen Hügel geschmiegt, Bogengänge, zwei kleine Türme: Eine Architektur, die das relativ große Hotel in überschaubare Komplexe gliedert. Oft hat man das Gefühl, tatsächlich in einem griechischen Dorf zu wohnen. Die geräumigen Zimmer und Apartments sind modern eingerichtet und haben, abgesehen von den Einzelzimmern, einen Balkon oder eine Terrasse. Zur Anlage gehören Bar, Restaurant und Snack-Bar sowie ein Swimmingpool; es gibt die Möglichkeit, Tennis und Tischtennis zu spielen. Die Benutzung des hoteleigenen Pendelbusses zum Strand (Sand, Kiesel) ist kostenlos. Kanu- und Tretbootverleih. *Tel. 3 20 00, Fax 3 10 62, Kategorie 1.* 4 km

AM ABEND

Bis Mitternacht sind die engen Gassen voll Leben, in vielen Souvenirläden wird noch verkauft, aus den zahlreichen Bars tönt Musik. Danach schweigen die Music-Boxen, und nur geräuscharme Vergnügungen sind noch gestattet. Die Bewohner von Lindos brauchen ihren Schlaf; am nächsten Morgen ab acht Uhr geht der Rummel (und das Geldverdienen) wieder los. Wer nach Mitternacht noch tanzen möchte, braucht aber nur ein paar Schritte zu laufen − Richtung Strand nämlich, wo laute Musik niemanden stören kann. Eine andere Möglichkeit, den Abend ausklingen zu lassen, ist ein Mitternachtscocktail in derselben Bar, in der Sie morgens gefrüh-

stückt haben − in Lindos schließen manche Bars nur zwischen drei und acht Uhr morgens.

Akropolis

✪ ♯ Haben Sie schon mal im Freien, unter einer Pergola, zu heißen Rhythmen getanzt? In dieser Disko, die auch bei der Jugend aus Lindos und Umgebung beliebt ist, können Sie es ausprobieren. Sie liegt an der Straße zum Strand, gleich neben einem Restaurant, das ebenfalls »Akropolis« heißt. Für Ruhepausen zwischen den Tänzen stehen drei Bars zur Auswahl. *Odós Kleovoúlou, Tel. 3 13 91, Kategorie 2*

Jody's Flat

Der Gastraum hat tatsächlich etwas von einem alten englischen Pub − »last order«, die endgültig letzte Bestellung, kann man aber noch in den frühen Morgenstunden aufgeben. Die Auswahl an Cocktails ist beeindruckend, und im Sommer kann man auf einem schönen Dachgarten sitzen. *Odós Apostólou Pávlou, Tel. 3 14 70*

ZIELE IN DER UMGEBUNG

Asklipión   (D 9)
★ Das Dörfchen im Inselinneren (300 Ew.) wird von den Touristenströmen noch wenig berührt. Die »Attraktionen« sind die Ruinen einer Burg der Johanniter-Ritter und die byzantinische Kirche der Entschlafung Mariä (Kímissi tis Theotóku). Von der Burg, die wahrscheinlich aus dem 15. Jh. stammt, hat man einen ✿ schönen Blick auf das Dorf; die Marienkirche wurde im 13. oder 14. Jh. erbaut, später kamen Anbauten dazu. Im 17. Jh. wurde die ganze Kirche

mit Fresken ausgemalt, die zum Teil Anfang des 20. Jh. restauriert wurden. Neben Darstellungen aus dem Leben Christi und der Muttergottes sieht man Szenen aus der Offenbarung des Johannes (Apokalypse), die sonst nur selten zu finden sind. Dargestellt sind zum Beispiel die »sieben Apokalyptischen Reiter« und der aus der Tiefe der Erde aufsteigende Antichrist. Besonders prächtig ist die Ikonostase. In der Nähe der Kirche lohnen zwei kleine Museen den Besuch: Das *Sakralmuseum* mit Ikonen und alten Evangeliaren sowie das *Volkskundliche Museum* mit einer Sammlung landwirtschaftlicher Geräte *(beide tgl. 9—17 Uhr, Eintritt 150 Drs.). 30 km*

Ipsení (D 9)

Eins gleich vorweg: Das kleine weiße Kloster westlich von Lárdos ist keine »Sehenswürdigkeit«: Es wurde im 19. Jh. gegründet; der Glockenturm stammt aus den sechziger Jahren unseres Jahrhunderts. Der Ausflug lohnt sich aber schon wegen des Weges dorthin, der durch Olivenhaine und Kiefernwälder führt. Die Nonnen sind gastfreundlich, die Umgebung des Klosters strahlt tiefen Frieden aus *(tgl. 8—12.30 und 16—18.30 Uhr).*

Kiotári (B 9)

Man fährt auf der Küstenstraße nach Süden, erreicht ca. 5,5 km nach der Abzweigung zur Ágios-Vassílios-Kirche eine Kreuzung und fährt links herum die kleinere Straße zu dem Fischerdorf mit seinem schönen Kieselstrand. Vor einigen Jahren war es hier noch fast paradiesisch ruhig. Damit ist es vorbei, seit auf dem Küstenabschnitt zwischen Lárdos und Kiotári einige große Hotels gebaut wurden. In der Dorfkirche von Kiotári, die der Verklärung Christi geweiht ist, wird am 6. August ein großer Gottesdienst gefeiert.

Unmittelbar am Strand liegt das *Restaurant Tsambíkos (Kategorie 3)*. Serviert werden einfache Fischgerichte, Getränke und Kaffee. Ein schöner Rastplatz — deshalb machen die Reisebusse auf ihren Inselrundfahrten oft dort halt. 30 km

Láerma (D 8)

Das Dorf liegt fast genau in der Mitte der Insel zwischen Wäldern, Olivenhainen und Getreidefeldern, sämtliche Dörfer der

Umgebung sind mindestens elf Kilometer weit weg. Die meisten Urlauber, die hierher kommen, sind eigentlich am Kloster Thári interessiert und holen sich in Láerma nur den Schlüssel ab. Einzige »Sehenswürdigkeit« des Dorfes selbst ist eine kleine Bronzefigur, die früher in der Klosterkirche von Thári hing. Sie stammt angeblich aus byzantinischer Zeit und soll eine Prinzessin darstellen. Die kleine Statue ist 25 cm hoch und nur mit etwas Schmuck bekleidet. Wer sie sehen will, muß nach dem Dorfgeistlichen fragen, der sie aufbewahrt.

Láerma ist ein »typisch griechisches« Dorf: Keine Souvenirläden für die Touristen — sie kommen ja sowieso selten, keine Tavernen mit »traditional greek food«, nur ein paar Kafenía, wo man auch eine Kleinigkeit zu essen bestellen kann. In Richtung Asklipion liegt eine schöne Wanderstrecke (etwa 11 km), die durch nahezu unberührte Landschaften führt. 40 km

Lárdos (E 9)

In dieser Gegend kommt der inseltypische schwarze Granitstein besonders häufig vor; deshalb heißt er genauso wie das kleine, sehr grüne und noch relativ intakte Dorf. Erst in den letzten Jahren sind hier Apartmenthäuser und kleine Hotels entstanden. In Lárdos werden sich Urlauber wohlfühlen, die als Gäste den griechischen Dorfalltag miterleben möchten — und nicht in erster Linie an »Shopping« oder Nachtleben interessiert sind. Um den Dorfplatz liegen Kafenía und Tavernen mit einfacher, guter Küche. Die Einhei-

mischen sehen die Urlauber im Wortsinn als Gäste und bei Gelegenheit zeigt man das auch — mit einer Einladung zum Kaffee oder zum Wein, einem kleinen Geschenk oder auch dem Angebot, die neuen, ausländischen Freunde auf ein Fest mitzunehmen. Lárdos liegt etwa 2,5 km von zwei schönen Stränden entfernt. Übernachten kann man im Ort z.B. in dem einfachen Hotel *Fédra (Tel. 4 42 18, Kategorie 2)*. Näher an den Stränden sind die beiden kleinen, sympathischen Hotels *Nenetos (24 Zi., Tel. 4 42 09, Kategorie 2)* und *Sunshine (54 Zi., Tel. 4 45 47, Kategorie 2)*, die aber in der Hochsaison meist von Pauschalurlaubern belegt sind. 15 km

Moni Thári (C 8)

Das wieder bewohnte Männerkloster, in einem Waldgebiet gelegen und von Láerma gut zu erreichen, war dem Erzengel Michael geweiht. Interessant ist die Kirche, deren Altarraum wahrscheinlich noch aus dem 13. Jh. stammt; seine heutige Form bekam der Bau im 17. Jh. und später.

Von den über 20 Fresken in der Kirche stammen einige aus dem frühen 14. Jh. Sie zeigen Heilige und Kirchenväter sowie Szenen aus dem Leben der Muttergottes und Christi, darunter zum Beispiel die Heilung der Blinden, der Lahmen und der Aussätzigen sowie das Abendmahl. Die Christusdarstellung im Altarraum ist in der orthodoxen Kirche selten: Christus wird thronend, als Weltbeherrscher dargestellt. Der viereckige Rahmen, der das Weltall symbolisiert, wird — auch das eine Seltenheit — von den vier Symbolen für die Evangelisten gehalten: Der Engel steht für Matthäus, der Adler für Johannes, der Löwe für Markus und der Stier für Lukas.

Ein Küster, der zugleich einen kleinen Laden mit Heiligenbildern und anderen religiösen Gegenständen betreibt, führt Besucher herum. Gäste mit kurzen Hosen/Röcken müssen vor Betreten der Kapelle eine Schürze umbinden. 45 km

PÉFKI

(E 9) Noch in den siebziger Jahren gab es hier nur ein paar Sommerhäuser. Erst durch den Tourismus ist ein »Dorf« entstanden, das allerdings nur während der Saison lebendig ist. Péfki ist geeignet für einen Badeurlaub und als Standort für Ausflüge. Die größten Attraktionen sind der lange Sandstrand und die vielen kleinen Badebuchten. Rechts und links der relativ wenig befahrenen Straße von Lindos nach Lárdos entstehen immer mehr Apartmenthäuser, Hotels, Geschäfte, Restaurants und Snack-Bars. Die Einkaufszone ist noch nicht attraktiv genug für einen längeren Bummel, aber das Nachtleben macht sich: So überbieten sich die Hotels einander mit Parties, griechischen Abenden und »karaoke nights«, bei denen auch Gäste von außerhalb willkommen sind. Für Kontakte mit Einheimischen, die weder Kellner noch Souvenirverkäufer sind, bietet sich Péfki leider kaum an.

RESTAURANTS

Greek House

Ein reiner Familienbetrieb, nicht weit vom Péfka-Strand entfernt. Wirtin Fédra kocht selbst: Gefüllten *chtapódi* (Krake), gehaltvollen *moussaká* (Nudelauflauf mit Auberginen und Hackfleisch), Lamm im Backofen mit duftender Knoblauchsoße. *Tel. 4 43 17, Kategorie 2*

Hier an der Küste bei Péfki soll der Apostel Paulus gelandet sein

Tsambikos

Das Restaurant ist von weither zu sehen — es liegt mitten im Ort auf einem Hügel, hoch über allen Konkurrenten, die sich an der Straße und am Strand drängeln. Die Küche bietet Griechisches und Internationales von gefüllten Tomaten bis zum Filet Mignon, und das in so guter Qualität, daß im Sommer auf der großen Terrasse oft kaum noch ein Platz zu bekommen ist. Zum Essen gibt es eine reiche Auswahl griechischer Weine und gratis dazu einen weiten Blick über Péfki, das im Mondlicht geradezu verträumt wirkt. *Tel. 4 82 40, Kategorie 2*

HOTELS

Anastasia

Die vier einfach eingerichteten Bungalows liegen landeinwärts zwischen Lárdos und Péfki; zum Strand sind es etwa 10 Minuten zu Fuß. Die Studios bestehen aus einem kombinierten Wohn- und Schlafraum mit komplett eingerichteter Kochecke sowie Bad/WC und Terrasse; im ersten Bungalow sieht man von dort aufs Meer. Einmal in der Woche frische Wäsche und zweimal Saubermachen sind im Preis inbegriffen. Mahlzeiten werden nicht angeboten. *Tel. 2 18 15, Kategorie 3*

Illission

Der langgestreckte, dreistöckige Neubau *(186 Betten)* liegt, wenn man aus Lindos kommt, am Ende des Ortes etwas von der Straße zurückversetzt. Zum sauberen Strand, der an manchen Stellen allerdings steinig ist, sind es nur ein paar Schritte. In dem 1991 eröffneten Haus geht es trotz seiner Größe familär zu; abends sitzen die Besitzer Kóstas und Katerína Kóntos gern mit den Gästen an der Bar oder auf der Terrasse zusammen. Kóntos arbeitet vormittags immer noch als Lehrer (Griechisch, Geschichte) an einer Mittelschule in Rhodos-Stadt. Zur Auswahl stehen modern ausgestattete Zimmer, Mini-Apartments und Suiten, alle mit Balkon oder Terrasse und Meerblick, Frühstück oder Halbpension. Es gibt eine Snack-Bar mit griechischen Spezialitäten, ein Restaurant, Plätze für Tennis und Minigolf sowie einen Swimmingpool. *Tel. 4 81 50, Fax 4 81 48, Kategorie 2*

SPIEL UND SPORT

Radfahren

Überall werden gute Fahrräder vermietet — genau das richtige für die weiten Wege in dem langgestreckten Ort.

Wassersport

Surfboards gibt es zum Beispiel im *St. George Club.* Das Hotel liegt, von Lardos aus gesehen, am Ortseingang. Die Sportanlagen (Tennis u. a.) stehen allen offen. *Tel. 4 42 03 und 4 42 34*

AM ABEND

Sail Inn Cocktail Bar

⚐ Von der Terrasse der Bar hat man einen schönen Blick auf Péfka. Es gibt auch einen klimatisierten Innenraum. Serviert werden Getränke und Snacks; jede Woche laden die Inhaber zur »Griechischen Nacht« mit Tanz zum Mitmachen. *Ortszentrum, Tel. 4 42 48*

Berge, Täler und Küsten

Blaue Buchten und weißer Marmor, steile Festungen und einsame Klöster — viele Wege führen zu versteckten Schönheiten

Welcome to the island of the sun«, grüßt ein Schild am Ankunftsgebäude des Flughafens, der so häßlich ist wie wohl die meisten auf der Welt. Die Maschinen starten und landen im Minutentakt, vor der Zollkontrolle stehen bleiche Gestalten Schlange, draußen sucht ein Knäuel Braungebrannter nach dem Schild »Departures«. Es ist Hochsaison. Weiter im Reisebus Richtung Rhodos-Stadt, vorbei an wenig attraktiven Stränden und Großhotels.

So erleben viele ihre erste Begegnung mit Rhodos. Zum Glück hält die Insel mehr als dieses Bild verspricht. Wer sie kennt, kennt viele der Gesichter Griechenlands: das graue, gehetzte der modernen Großstadt, laut, hektisch, aber auch unbekümmert; das karge, von der Sonne ausgebrannte Profil der sommerlichen Landschaft; majestätische Wälder; kühle Quellentäler voll fröhlicher Stimmen;

Teil des reichen byzantinischen Erbes: Die Kirche Agios Nikolaos Fountoukli

Boote im Hafen, leise schaukelnd, und auf der Mole die Fischer beim Netzeflicken; lärmige Strände; antiker Marmor unter glühender Sonne, dazu das Konzert der Zikaden; Kirchlein, versteckt zwischen Zypressen, weißgekalkte Häuser in engen Gassen, auf den Stufen davor Frauen beim Plausch, ein Häkelzeug in der Hand.

Wer will, kann innerhalb eines einzigen Tages in all diese Gesichter sehen. Doch sollte man sich mehr Zeit nehmen. Um die 220 Kilometer lang ist die Fahrt einmal rund um die Insel. Sanft gewellt ist die Landschaft im Norden, grün, einladend. An der Ostküste reihen sich lange Sandstrände aneinander, dazwischen kleine, von Bäumen umstandene Buchten. Hier liegt die Bade- und Freizeitstadt Faliráki.

Die Westküste ist dagegen noch fast unberührt. Dort sind die Strände meist kürzer und steiniger, die Winde heftiger, die Küsten steiler abfallend. Die Westküste ist für Individualisten und wird sicher noch lange die »arme Schwester« der Ostküste bleiben. Hier liegen die Ruinen

69

der Stadt Kámiros, und die westliche Hälfte der Insel kann auch die beiden höchsten Berge für sich reklamieren, den Profítis Ilías (798 m) und den Atáviros (1215 m).

Nach Süden hin wird die Insel karger und rauher, wie es typisch ist für die Ägäis. Im Sommer dominieren staubige Erdfarben, hartes, weißliches Licht, schwarze Schatten. Eine Landschaft, die fasziniert, aber nur wenige zum Bleiben verlockt. So ist das Dreieck Gennádi — Kattaviá — Apolakkiá fast noch touristisches Neuland.

Wie mit dem Pinsel hingetupft liegen überall Klöster, Kirchen und Kapellen. Orte, die selten überlaufen sind. Oft ist man allein mit den ernsten Gesichtern der Heiligen auf den Ikonen. Brennende Öllämpchen, Kerzen in flachen Behältern mit Sand, Stille. Oder, aus byzantinischer Zeit, bräunliche Steinmauern, Bogengänge und Reste einfacher Zellen. Auch wenn Rhodos kein weißer Fleck auf der Landkarte mehr ist: Es lohnt sich, die Insel zu erforschen.

AFÁNTOU

(**E 4**) Der Name kommt von *áfanton* für »unsichtbar«. Tatsächlich ist das Dorf vom Meer aus nicht zu sehen. Das hat seinen historischen Grund: Die antike Siedlung an der Küste wurde im 7. Jh. von sarazenischen Piraten zerstört. Um vor solchen Überfällen in Zukunft sicher zu sein, bauten die überlebenden Bewohner ihre Häuser ein Stück landeinwärts wieder auf.

Das »unsichtbare Dorf« ist auf den ersten Blick recht unscheinbar und daher auch nicht überlaufen. Statt touristischem Einerlei erlebt man hier noch ein Stück vom ländlichen Alltag. Zu Deutschland hat Afántou eine besondere Beziehung: In den sechziger Jahren zog eine Handvoll Menschen aus Afántou in die nordrhein-westfälische Industriestadt Gummersbach. Heute sollen mindestens 1000 Männer und Frauen aus Afántou dort wohnen — Grund genug für eine Städtepartnerschaft seit 1989 und einen »Gummersbach-Platz« im Dorf. Seine 1500 Bewohner leben vorwiegend vom Keramik- und Teppichverkauf.

Übrigens: Nicht alles, was den Zusatz »Afántou« im Namen trägt, liegt auch direkt im Ort; allerdings sind die Wege nicht so lang, daß sie zu Fuß nicht zu schaffen wären. Rhodos-Stadt und Faliráki sind von Afántou aus per Linienbus zu erreichen.

MUSEUM

»Museum« ist vielleicht ein bißchen zu viel gesagt für die Ausstellung sakraler Gegenstände und weltlichen Kunstgewerbes aus byzantinischer Zeit direkt an der Kirche. *Tgl. 9–12 und 15–17 Uhr, Eintritt 300 Drs.*

RESTAURANTS

Im Dorf gibt es mehrere einfache Tavernen und Imbißstuben, außerdem Cafeterias, in denen sich auch die Jugendlichen treffen, und ein paar traditionelle Kafenía.

Golfer

Eßlokal und Café, gegenüber vom Golfplatz an der Hauptstraße gelegen. Gute griechische Küche. *Tel. 51861, Kategorie 2*

EINKAUFEN

Ancient Art

Die Keramikwerkstatt hat sich auf Vasen und Teller spezialisiert, die in antikem Stil bemalt sind; es gibt aber auch Gebrauchsgeschirr und die traditionellen rhodischen Wandteller in den verschiedensten Ausführungen. Ein alter Töpfer zeigt die Arbeit an einer fußbetriebenen Drehscheibe – schade nur, daß er das fertige

Stück sofort wieder zerknetet, um für die nächste Vorführung einen Klumpen zu formen. *An der Küstenstraße Richtung Lindos. Tel. 5 14 86 oder 5 17 85*

HOTELS

Oasis

Die Hotel- und Bungalowanlage (140 Betten) liegt etwas versteckt zwischen schattenspendenden Bäumen – allerdings fast einen Kilometer vom Afántou-Kieselstrand entfernt. Dafür gibt es einen Swimmingpool, um den sich die Tische und Stühle des Cafés gruppieren. Zur Auswahl stehen Apartments für zwei bis vier Personen, Reihenbungalows und Doppelzimmer im Hoteltrakt. Ein Spielplatz ist auch dabei. Die »Oase« ist ideal für Familien mit kleineren Kindern und, wegen der etwas abgeschiedenen Lage (nach Afántou muß man 15 Minuten über einen Feldweg gehen), für Rhodos-Urlauber, die vor allem Ruhe und Erholung suchen. Viele deutsche Gäste. *Etwas zurückversetzt an der Küstenstraße. Tel. 5 17 71, Fax 5 13 59, Kategorie 2*

Philoxenia

Der schöne griechische Name des Apartmenthauses heißt »Gastfreundschaft«. Die sechs einfachen Studios für je zwei Personen liegen in einer ruhigen Seitengasse. Sie bestehen aus einem Wohn- und Schlafraum mit integrierter Kochecke sowie Dusche/WC. Einmal pro Woche frische Wäsche und zweimal in der Woche Saubermachen sind im Preis inbegriffen. Der Afántou-Strand ist rund zwei Kilometer entfernt. *Tel. 5 10 83, Kategorie 3*

Der kilometerlange Kieselstrand von Afántou, die sanft abfallende Küste und das klare Wasser garantieren für Erwachsene wie Kinder ungetrübten Badespaß. Organisierten Wassersport gibt es noch wenig, abgesehen von einem Tretbootverleih.

Der einzige Golfplatz der Insel (18 Löcher) gehört zum Hotel Xenía, links an der Küstenstraße, kurz hinter der Abzweigung nach Afántou. *Tel. 5 12 56*

Agía Triáda (D 4)

Die der »Heiligen Dreieinigkeit« geweihte einschiffige, tonnengewölbte Kirche bei Psínthos stammt aus dem 14. Jh. Die etwa 20 restaurierten Fresken zeigen zum großen Teil Szenen aus dem Leben Christi. Schon in der Antike hat hier ein Heiligtum gestanden, an dessen Stelle später eine frühchristliche Kirche trat. Teile dieser Gebäude haben die Baumeister der Agía Triáda wiederverwendet, wie es damals üblich war. 12 km

Katholikí Afántou (D 4)

Viele Jahrhunderte lang wurde an der kleinen Kirche gebaut. Ein Besuch lohnt sich vor allem wegen der Fresken – auch wenn Kunsthistoriker sie als nicht sehr wertvoll beurteilen. Um zur Kirche zu kommen, muß man, von Rhodos-Stadt aus gesehen, am Ort vorbei fahren. Kurz hinter dem Hinweisschild »Afantou Golf« folgt links ein Wegweiser »Afantou Beach«. Dort abbiegen; die Kirche liegt links auf dem Weg zum Strand. 4 km

Kleiner Wasserfall bei Petaloúdes

Petaloúdes (Schmetterlingstal) (D 3)

Früher schwirrten im Juli und August Hunderttausende von Schmetterlingen (griechisch petaloúdes) in dem fünf Kilometer langen Tal herum; angelockt hat sie wohl hauptsächlich der Duft der Amberbäume, die es sonst nur in Kleinasien gibt. Daß die orange-schwarzen »Spanischen Flaggen« (wissenschaftlicher Name *Panaxia quadripunctaria*) in manchen Jahren gar nicht mehr kommen, hat leider seinen Grund: Busladungen voll händeklatschender und rufender Touristen (im Flug sind Schmetterlinge ja am besten zu sehen) haben die Tiere aus ihrem angestammten Revier vertrieben. Anderswo auf Rhodos gibt es angeblich noch große Schmetterlings-Schwärme – Genaueres sagt zum Glück kein Fremdenführer. Ein Ausflug in das Tal lohnt sich aber in jedem Fall. Der Bach, der das ganze Jahr über Wasser führt, macht diesen Fleck Erde zu einem kleinen Paradies. Auch im Hochsommer geht man durch üppiges Grün, und es weht immer ein kühles Lüftchen. *Zugänglich tgl. 9–17 Uhr, Eintritt 300 Drs.* 16 km

Psínthos (D 3)

Ein grünes und noch sehr »griechisches« Dorf. Für die Rhodier ist Psínthos ein geschichtsträchtiger Ort: Hier siegten 1912 die Italiener über die Türken und brachten Rhodos unter ihre Gewalt. Über 30 Jahre hat es dann noch gedauert, bis die Insel griechisch wurde. In den Tavernen am Dorfplatz kann man gut essen; es gibt auch Privatzimmer.

Die Umgebung eignet sich zum Wandern und für Radtouren. Überall findet man kleine, sehenswerte Kirchen, vor allem in der Umgebung von Maritsá. 9 km

APOLAKKIÁ

(B 9) Die Küste zwischen Apolakkiá und Kattaviá ist ein Stück wilde Landschaft: lange, oft leere Sandstrände, Dünen, niedriges Gestrüpp auf steinigem Boden, kein Dorf, das zu einer Rast einlädt — hier ist fast noch touristisches Niemandsland. Ein Ausflug dorthin wird Menschen reizen, die mit Meer und Landschaft allein sein wollen und gern auf Komfort verzichten.

Das (nach griechischen Maßstäben) relativ große Bergdorf Apolakkiá (600 Ew.) wird erst in letzter Zeit vom Massentourismus entdeckt. ✪ Der Alltag geht noch seinen beschaulichen Gang; die Menschen bestreiten ihren Lebensunterhalt überwiegend aus dem Anbau von Getreide sowie von Wasser- und Honigmelonen. Die wenigen

Besucher, die ihren ganzen Urlaub hier, im Süden der Insel, verbringen, sind meist Stammgäste und wohnen schon seit Jahren bei demselben Wirt in demselben, einfachen Privatzimmer. Wohl fühlt sich, wer keinen Badeluxus (der steinige Strand ist 3 km entfernt) vor der Haustür braucht, aber auf das Zusammensein mit Einheimischen Wert legt. Es gibt mehrere kleine Tavernen, mit einfachen griechischen Gerichten.

Wer mit dem Auto nach Apolakkiá fährt, sollte unbedingt rechtzeitig tanken. In Embonas und Psínthos gibt es Tankstellen – die von Apollakkiá wurde leider geschlossen.

BESICHTIGUNG

Ágios Geórgios o Wárdas

Das einschiffige Kirchlein liegt rund vier Kilometer nördlich von Apolakkiá auf einer Lichtung. Man folgt der Straße Richtung Istrios bis zum Ortsende, biegt dann links ab und bleibt auf der Asphaltstraße. Nach etwa zwei Kilometern biegt man wieder links ab, diesmal auf einen Feldweg. Kurz danach kommt eine Gabelung, an der man sich rechts hält. Dieser Weg führt auf die Kirche zu. Die Strecke ist auch als Wanderung zu empfehlen, besonders im Frühjahr, wenn die Insel grün ist. Die Fresken in der Kirche sind mit die ältesten von Rhodos, sie stammen, wie der Bau selbst, aus dem späten 13. Jh. Zu sehen sind Szenen aus dem Leben Christi, außerdem die Muttergottes und mehrere Heilige, darunter natürlich der Heilige Georg, dem die Kirche geweiht ist.

In der Vor- und Nachsaison bekommen Sie auch im Ort ein Zimmer. Am besten, Sie fragen in einer Taverne oder Sie gehen gleich in das einzige Hotel des Dorfes, das allerdings wenig Komfort bietet. *Skoutas, Tel. 6 12 51, Kategorie 3*

ZIELE IN DER UMGEBUNG

Ágios Pávlos (B 11)

❄ Das verlassene Kloster östlich von Kattaviá bietet einen weiten Blick über schnurgerade abgezirkelte Getreidefelder und Strommasten, die wie einsame Wachposten in der menschenleeren Landschaft stehen. Schon lange wird es zweckentfremdet: Die deutschen Besatzer im Zweiten Weltkrieg nutzten das Kloster als Lagerraum: »Waffenkammer — Zutritt nur dienstlich« stand noch vor kurzem an einer der Zellentüren. Sogar als Schweinestall hat das Kloster schon hergehalten. 25 km

Atáviros (B–C 7–8)

Wer Rhodos' höchsten Berg (1215 m) besteigt, wird mit ❄ wunderbaren Ausblicken auf die ganze Insel belohnt, und bei gutem Wetter soll man am Horizont Kreta erkennen können. Der Aufstieg vom Bergdorf Embonas dauert rund vier Stunden, Pausen mitgerechnet. Man muß Wanderkleidung tragen (lange Hosen, Stiefel, Sonnenhut) und Verpflegung mitnehmen — Trinkwasser nicht vergessen! Markierungen gibt es nicht. Auf keinen Fall allein gehen; es sollen schon mehrmals Bergwanderer verunglückt sein. An

bewölkten Tagen ist der Aufstieg zu gefährlich, weil weiter oben dann dichter Nebel ist. Am schönsten ist die Tour im Frühling, wenn die Wiesen blühen. 50 km

Embonas (C 7)

Das Dorf an den Hängen des Atáviros gehört zum Standardprogramm auf den Inselrundfahrten und ist beliebtes Ziel für organisierte »Griechische Abende«. Dennoch hat Embonas sich einen guten Teil seiner ursprünglichen Atmosphäre erhalten. Die Bewohner leben noch überwiegend von der Landwirtschaft. Wichtigste Erzeugnisse sind Wein und starker Tresterschnaps *(zoúmo)*. Die Frauen des Dorfes verkaufen ihre Stick-, Web- und Häkelarbeiten. In den Tavernen am Dorfplatz gibt es gute, deftige Fleischgerichte. Wer sich zur Erinnerung Wein mitnehmen möchte, kann in der Kellerei *Emery (am Ortseingang, Tel. 4 12 08)* an einer Weinprobe teilnehmen und den Wein aus eigener Herstellung kaufen. 50 km

Mesanagrós (B 10)

✦ Dort müssen die Uhren irgendwann kurz nach dem Zweiten Weltkrieg stehengeblieben sein. Die rund 60 Bewohner des Dorfes in den Koukoúliari-Bergen leben noch in den traditionellen »Ein-Zimmer-Häusern«; in den steilen Gassen passen höchstens zwei bepackte Esel nebeneinander. Wer mit dem Auto unterwegs ist, läßt es am besten gleich am Ortseingang stehen.

Junge Menschen sind hier kaum noch zu sehen, die meisten sind nach Rhodos-Stadt oder in eins der aufstrebenden Ferienparadiese an der Ostküste gezogen. Geblieben sind die Alten, und die freuen sich über jeden, der ein bißchen Zeit mitbringt und sich zu einem Plausch bei einem Täßchen *métrio* ins Kafeníon setzt. Die Dorfkirche von Mesanagrós ist Mariä Entschlafung *(Kímissi tis Theotóku)* geweiht und steht auf den Ruinen eines Gotteshauses aus frühchristlicher Zeit. Man kann die Reste antiker Säulen noch gut erkennen; die Fresken sind allerdings nur schlecht erhalten. Nur noch zweimal im Jahr findet ein Gottesdienst statt – am 15. und 23. August, wenn Mariä Himmelfahrt gefeiert wird. Falls Sie die Kirche besichtigen möchten – den Schlüssel gibt's im Kafeníon.

Einziges »Restaurant« des Dorfes ist das *Café O Mike (Kategorie 3)*. Zur Auswahl stehen einfache Gerichte wie Spiegeleier oder Bauernsalat. Wer sich spontan entschließt, in Mesanagrós zu übernachten, kann hier nach einem Privatzimmer fragen.

★ Etwa 3,5 km südlich des Dorfes, an der Straße nach Lachaniá, liegt das Kirchlein des Ágios Thomás. Sein großer Festtag ist der »Thomas-Sonntag«, der auf den Ostersonntag folgt. Am Tag davor wird unter den alten Zypressen vor der Kirche ein viel besuchtes Volksfest gefeiert. 25 km

Monólithos (A 8)

Wie ein riesenhafter steinerner Finger steht der 240 Meter hohe »Einzelne Felsen« (so die Übersetzung des Namens) in der Landschaft. Auf dem Plateau hatten die Johanniter, vermutlich im 15. Jh., eine Burg *(ständig frei zugänglich)* gebaut. Erhalten geblieben sind nur die Mauern, eine dem heiligen Georg geweihte, heute weiß gekalkte Kapelle und ein paar Gebäudereste. Der Aufstieg führt über schmale, steinerne Treppenstufen. Man kommt am besten kurz vor Sonnenuntergang und genießt den ☼ Blick über das Meer. Zu sehen sind im Süden Kap Fúrni, im Nordwesten Kap Armenistís und, weit im Meer, die Insel Chálki.

Das Dorf Monólithos, rund zwei Kilometer entfernt, ist genau wie Afántou »unsichtbar«, das heißt, vom Meer aus nicht zu sehen. Auf diese Weise schützten sich die Bewohner vor Pira-

Monólithos, ein heroischer Fels in der weiten Landschaft

tenüberfällen. Heute stirbt der Ort vor sich hin; nur noch rund 100, meist alte Menschen, wohnen dort. 1990 mußte die Schule schließen. Die Strände, kleine Buchten zwischen Klippen, sind nur zu Fuß, per Moped oder mit einem kleinen, gut gefederten Auto zu erreichen – und wohl deshalb noch wenig besucht. 20 km

Prassoníssi (A–B 12)

Auf der kleinen »grünen Insel« mit dem Leuchtturm darauf (die aber viel karger ist, als ihr Name vermuten läßt) hört Rhodos im Südwesten auf. Die Schotterstraße. die von Kattaviá dorthin führt, soll schon seit Jahren asphaltiert werden, aber noch ist sie nur in mäßigem Tempo zu befahren. Mögliche Alternativen sind ein starkes, nicht zu schweres Motorrad und die eigenen Füße: Solange die Sonne noch niedrig am Himmel steht, kann man die sechs Kilometer auch zu Fuß gut zurücklegen. Als Belohnung warten am Ende des Weges weiße Dünen und ein Sandstrand, der so breit und eben ist, daß manche es nicht lassen können, mit ihren Jeeps fast bis ins Meer zu fahren. In den beiden kleinen Tavernen am Strand werden einfache Gerichte serviert; im *Prassonissi-Restaurant (Kategorie 3)* auf der linken Seite werden Gäste besonders freundlich umsorgt. Ein einsames Plätzchen zum ungestörten Sonnenbaden ist auf Prassoníssi immer noch zu finden – schade nur, daß unter dem schönen weißen Sand manchmal Teerklumpen lauern. Surfer werden an dem starken Wind ihre Freude haben, müs-sen sich aber ein Brett mitbringen, da es (noch) keinen Verleih gibt. 30 km

Siánna (A 6)

Das kleine Dorf am Akramítis-Berg hat vom Tourismus noch wenig mitbekommen. Die Reisegruppen, die auf ihrer Inselrundfahrt dort Mittagspause machen, bleiben gerade so lange, wie man braucht, um zu essen, einen Kaffee zu trinken und einen Rundgang durch die steilen, engen Gassen zu machen. Kunstgeschichtlich Interessierten bietet das Dorf eine – im Verhältnis zur Größe des Ortes – riesige, dem Heiligen PantelEímon geweihte Kirche aus dem späten 19. Jh. und, auf einer Anhöhe oberhalb des Ortes, die Ruine einer Burg der Johanniter-Ritter. Eine kulinarische Spezialität von Siánna ist Joghurt, den man dort auch kaufen kann – zum Beispiel in der Taverne *Mastrosávvas (Kategorie 2)*. Der Wirt serviert und verkauft auch Tresterschnaps, der auf Rhodos *zoúmo* heißt und vielen beim ersten Schluck die Tränen in die Augen treibt, besonders, wenn man ihn ungekühlt trinkt. Direkt gegenüber liegt ein altes, gemütliches Kafeníon, das aber mittags geschlossen ist. 20 km

Skiádi-Kloster (B 10)

Das von einem Priester bewohnte Kloster im Südwesten ist berühmt, weil dort die Ikone der Panagía (Muttergottes) Skiadiní aufbewahrt wird, die als die wertvollste von Rhodos gilt. Zu erreichen ist das Kloster von Mesanagrós oder von der Küstenstraße aus. Es wurde im 14. Jh. gegründet; die kleine Klosterkirche wurde im 19. Jh. als Altarraum in die neue, große Kirche eingebaut. Die berühmte Ikone an der Ikonostase ist nicht zu übersehen: Vergoldetes und getriebenes Silberblech bedeckt die Figuren der Muttergottes und des Jesuskindes bis auf Gesicht und Hals. In den Wochen vor Ostern wird sie nach einem genau festgelegten Plan für jeweils einen oder mehrere Tage in die Dörfer der Umgebung und auf die Nachbarinsel Chálki gebracht. Da die Ikone als wundertätig gilt, kommen das ganze Jahr über Pilger, meist Frauen, zum Kloster. Man kann gegen eine Spende im Kloster übernachten, muß sich dann aber etwas zu essen und am besten auch einen Schlafsack mitbringen. 30 km

ARCHÁNGELOS

(**E 5**) Die zweite Stadt auf Rhodos (knapp 6000 Ew. — ab 5000 wird in Griechenland ein Ort zur Stadt) ist ein Beispiel dafür, daß Tourismus nicht gleichbedeutend sein muß mit dem Verschwinden all dessen, was ja einen großen Teil der Faszination des Ortes ausmacht: alte, weiß gekalkte Häuser, holprige Gassen, Menschen, die immer mehr Zeit zu haben scheinen als die Besucher aus dem hektischen Mitteleuropa. Seit ein paar Jahren kommen besonders Deutsche und Niederländer in immer größeren Scharen in das »Erzengel«-Dorf (so die Übersetzung des Ortsnamens). Die Hotels liegen fast alle im modernen Ortsteil; im historischen Zentrum kann man nur Apartments und Privatzimmer mieten. Die Feriengäste sind im »alten« Archán-

gelos nicht mehr als ein paar Farbtupfer, die den Alltag beleben — und Geld in den Kassen der Souvenirläden lassen. Kinder im blauen Schulkittel warten an der Haltestelle auf den Bus, der sie nach Hause bringt, in eins der umliegenden Dörfer ohne eigene Schule. Frauen mit den typischen Kopftüchern gehen gemächlich vorbei, eine unförmi-

Licht und Schatten in Archángelos

ge Einkaufstasche in der Hand, und verschwinden in einem Laden. Die sehen in Archángelos übrigens oft aus wie noch vor 15 Jahren überall in Griechenland: klein, niedrig, dunkel, vollgestopft. Meist ist das Angebot viel größer, als ein erster Blick vermuten läßt. In Schubladen, Schuhkartons und ganz oben auf den Regalen verbirgt sich womöglich genau das, was die Kundin gerade sucht.

Anders als manche kleinere Dörfer ist Archángelos sehr lebendig; seit die Menschen vom Tourismus gut leben können, wandern auch nicht mehr so viele ab. ★ Während der Sommermonate wird in Archángelos fast jede Woche eine Hochzeit gefeiert, und zwar mit allem, was auf

Rhodos dazugehört: Verwandte und Freunde des Bräutigams holen die Braut in einer Prozession aus ihrem Elternhaus ab; am Anfang marschieren die Musikanten. Es folgt die kirchliche Trauung nach orthodoxem Ritus und dann das große Fest im Freien mit Musik und Tanz. Zu essen gibt es oft Hammel am Spieß, und der Wein fließt in Strömen. Für die gastfreundlichen Bewohner von Archángelos ist es eine traditionelle Selbstverständlichkeit, auch neue Freunde dazu einzuladen — ganz besonders, wenn sie in ihrem Dorf Urlaub machen.

BESICHTIGUNGEN

Kirche

Wie ein mit glitzernden Ringen geschmückter, schneeweißer Finger ragt der Glockenturm der dem Erzengel Michael geweihten Kirche zwischen den — ebenfalls weißen — Häusern des alten Archángelos hervor. Das barock wirkende Bauwerk ist eine Hinterlassenschaft der italienischen Besatzer; die Kirche selbst stammt aus der Mitte des 19. Jh. Am interessantesten daran ist wohl das Mosaik im Innenhof aus schwarzen und weißen Kieseln, das für Rhodos typisch ist und kochláki genannt wird. Durch das Viereck-Muster wirkt der ganze Bau perspektivisch verfremdet, ein Effekt, der ambitionierten Fotografen reiche Gestaltungsmöglichkeiten eröffnet. Kirchweih ist am 8. November bzw. am Abend davor.

Ritterburg

Auf einem Hügel am Ortsrand liegen die Ruinen eines Johanni-terkastells, das der Großmeister Orsini um die Mitte des 15. Jh. bauen ließ. In der Nähe des Eingangs sind in der Mauer mehrere Wappen zu sehen, darunter das Orsini-Wappen mit der Jahreszahl 1467 — in diesem Jahr wurde der Bau vollendet. Vom Kastell aus hat man einen ❧ schönen Blick auf die weiße Silhouette des historischen Ortsteils.

RESTAURANT

Die Auswahl an Tavernen und Cafés ist groß; viele haben bis spät abends geöffnet.

Milano

Scheuen Sie sich nicht, Pizza zu essen — die italienische Spezialität ist bei den Griechen sehr beliebt, so daß Sie in der guten Pizzeria an der Hauptstraße Richtung Rhodos-Stadt sicher nicht nur Feriengäste treffen. *Am Dorfplatz, Tel. 2 25 73, Kategorie 2*

EINKAUFEN

In Archángelos ist das Angebot an einheimischem Kunstgewerbe groß. Die Dorfbewohner haben sich auf Webarbeiten und Keramik spezialisiert; es gibt dort auch die hohen rhodischen Lederstiefel ohne Absatz, wie sie manche Frauen in den Dörfern noch tragen.

Teppiche verkauft zum Beispiel *Anastássios Saríkas*. Der Ausstellungsraum liegt gegenüber der Bushaltestelle. Hergestellt werden die Teppiche von Weberinnen, die zu Hause arbeiten, und manche haben nichts dagegen, wenn ihnen dabei einmal ein interessierter Besucher über die Schulter guckt. Adressen erfährt man im Souvenirladen *Tsambíka Chrístou* an der Hauptstraße *(Tel. 2 25 00 oder 2 29 62)*. Man sollte nur nicht gerade während der Mittagsruhe kommen, die im Sommer etwa von 13 bis 17 Uhr dauert. Tsambíka Chrístous Tochter Cleopatra verkauft Teppiche, Pullover und andere Handarbeiten, die aber, wie sie ehrlich sagt, meist aus Nordgriechenland oder Athen kommen und vermittelt Privatzimmer.

Mehrere Keramik-Werkstätten mit großer Verkaufsausstellung liegen an der Schnellstraße von Rhodos nach Líndos.

HOTELS

Meandros

Der zweigeschossige Bau liegt an einer ruhigen Straße, knapp 1 km vom Ortszentrum entfernt. Die einfach, aber modern eingerichteten Zimmer (42 Betten) sind über Bogengänge zu erreichen und haben alle einen Balkon. Zu der Anlage gehört ein kleiner Süßwasserpool. Es gibt ein Frühstücksbuffet, auch Halbpension (Abendessen) ist möglich. *Tel. 2 28 96, Fax 2 38 96, Kategorie 2*

Semina

Das 80-Betten-Apartmenthaus liegt in einer ruhigen Wohngegend, etwa 300 Meter vom Ortskern entfernt. Zur Auswahl stehen Studios für zwei bis drei Personen mit Wohn- und Schlafraum, Kochecke, Dusche/WC sowie Balkon oder Terrasse. In den Apartments für zwei bis vier Personen sind Wohn- und Schlafraum getrennt. Im Garten der Anlage ist ein kleiner Swimmingpool. Tägliche Reinigung und zweimal in der Woche frische Wäsche gehören zum Service, für ihre Verpflegung müssen die Gäste selbst sorgen. *Hinter der Schule, Tel. 2 22 10, Kategorie 2*

ZIELE IN DER UMGEBUNG

Charáki (D 6)

✪ Noch vor ein paar Jahren standen an dem Kieselstrand nur ein paar Sommerhäuser. Viele gehörten Bauern aus den landeinwärts gelegenen Dörfern Malónas und Mássari, wo man nach wie vor vom Orangen- und Mandarinenanbau lebt. Diesen beiden Dörfern ist es hauptsächlich zu verdanken, daß es auf der Insel der »Leuchtenden Orangen« (wie der englische Schriftsteller Lawrence Durrell Rhodos nannte) immer noch genug von diesen Früchten gibt — auch, wenn für den Export schon lange nichts mehr übrig bleibt.

Inzwischen ist Charáki zu einem Badeort mit Hafenpromenade avanciert. Gegrillte Krake *(chtapódi)* und köstliche Fischgerichte gibt es im Restaurant *Argó (Kategorie 2)*. Von der Terrasse aus überblickt man die ganze Bucht. Wohnen kann man zum Beispiel im Apartmenthaus *Stella* am Hafen. Das überschaubare Haus *(24 Betten)* ist für Gäste geeignet, die sich in familiärer Atmosphäre wohlfühlen. Besitzerin Stella, langjährige Mitarbeiterin eines großen Reisebüros, kennt sich auf der Insel bestens aus; sie spricht englisch und deutsch. Zur Auswahl stehen Mini-Studios (max. zwei Personen) mit Kochecke, Dusche/WC und Balkon, sowie Apartments (max. vier Personen) mit einem Extra-Schlafzimmer. Täglich außer sonntags wird saubergemacht, frische Wäsche gibt es einmal in der Woche. *Tel. 5 13 34, Kategorie 3.* 10 km

Féraklos-Festung **(D 6)**

Nördlich von Charáki liegen auf einem Berg die Überreste der Johanniter-Festung Féraklos. Vermutlich stand dort schon in der Antike eine Burg; sicher ist, daß es eine byzantinische Festung gegeben hat, die 1306 von den Johannitern erobert wurde. 1470 ließ Großmeister Orsini sie restaurieren. Benutzt wurde die Burg vor allem als Gefängnis für die Kriegsgefangenen des Ordens und als Verbannungsort für Ritter, die sich etwas hatten zuschulden kommen lassen. Von der Nordseite des Berges aus hat man einen schönen Blick in das fruchtbare Land um Malónas und Mássari und auf die Badebucht mit Sandstrand zu Füßen des Berges. In dem Felsen oberhalb der Bucht verbirgt sich eine kunstgeschichtliche Kostbarkeit, das in den Stein gehauene Kirchlein Agía Agáthi. Es soll aus dem 12. oder 13. Jh. stammen. Die Agáthi-Bucht selbst wird allmählich »touristisch erschlossen«: Es gibt eine Snackbar, man kann Liegestühle und Surfboards mieten – und auf dem Hügel stehen die häßlichen Betongerippe künftiger Apartmenthäuser, die aber schon seit Jahren im Bau sind. 10 km

Stegná **(E 5)**

Das abgelegene Stranddorf ist über eine kurvige Straße zu erreichen, die durch das alte, fast verlassene Töpferdorf Petróna führt. Der kleine Sandstrand ist vielleicht nicht ganz so schön wie der von Tsambíka, dafür ist die Bucht grüner, und in den schattigen Tavernen kann man einfache, aber gute griechische Küche probieren. Es gibt mehrere Apartmenthäuser, z.B. *Antonios, Tel. 2 28 09, Fax 2 27 79, Kategorie 2–3.* 5 km

FALIRÁKI

(F 3) Noch vor 20 Jahren waren dort nur ein paar Fischerhäuschen und ein sechs Kilometer langer Sandstrand. Familien aus Rhodos-Stadt fuhren gern zum Baden nach Faliráki, weil das Meer auf den ersten Metern sehr flach und damit »kleinkindsicher« ist. Anfang der achtziger Jahre wurden die ersten Hotels gebaut, und heute ist die ehemals unbedeutende Siedlung direkt an der Ostküstenstraße Richtung Lindos ein riesiger Vergnügungspark mit Wasserspielen für Kinder und Erwachsene, 20 000 Gästebetten, Fast-food-Lokalen, Bars, Diskos, Pelzgeschäften ... kurz »das Las Vegas von Rhodos«, wie ein lokaler Reiseveranstalter in seinem Prospekt prahlt.

Mit einem griechischen Dorf hat Faliráki denn auch wenig zu tun; es ähnelt eher einer betriebsamen Kleinstadt, deren Bewohner allesamt denselben Arbeitgeber haben – den Tourismus. Der Strand ist im Sommer unter den schwitzenden Leibern der dicht gedrängten Sonnenanbeter kaum zu sehen. Faliráki besitzt auch den bisher einzigen FKK-Strand der Insel.

Geeignet ist Faliráki als Urlaubsort für Menschen, die sich in erster Linie »austoben« wollen und mit einsamen Landschaften vielleicht weniger im Sinn haben. Kinder werden schnell gleichaltrige Spielkameraden finden, Jugendliche haben beim Surfen oder Wasserski und abends in der Disko bestimmt ihren Spaß. Aber, das sei noch einmal gesagt, ruhig ist es in Faliráki nicht!

RESTAURANTS

Das Angebot ist in der Quantität riesig, über die Qualität kann man streiten.

Apollon
In der kleinen Snack-Bar des *Apollo-Beach*-Hotels kann man unter Bäumen ein englisches Frühstück oder ein kleines Mittagessen einnehmen und (wenn man nicht zu viel gegessen hat) danach gleich ins Wasser springen. *Tel. 8 55 13, Kategorie 2*

Monaxiá
»Einsamkeit« ist vielleicht nicht mehr ganz der passende Name für das unscheinbare Strandlokal vor dem Sun Palace-Hotel. Es gibt dort preiswerte, gute Fischgerichte sowie zweimal pro Woche abends griechische Live-Musik. *Tel. 8 53 07, Kategorie 2*

EINKAUFEN

Kleine Supermärkte und Souvenirläden gibt es en masse. Da Faliráki aber kein »gewachsenes Dorf« ist, hat es natürlich auch keine Tradition im Kunsthandwerk — man fährt besser »an die Quelle« im Inneren der Insel. Faliráki bietet dafür die Möglichkeit, aus dem Badeurlaub einen maßgeschneiderten Anzug oder sogar einen Pelzmantel mitzu-

bringen. Eine *Schneiderei* finden Sie zum Beispiel im *Faliráki Beach Hotel, Tel. 8 56 68.*

HOTELS

Kein anderer Ort auf Rhodos hat so viele Gästebetten auf so engem Raum — leider überwiegen die touristischen Bausünden.

Esperos Village
Eines der schönsten Inselhotels (625 Betten), wie ein Dorf oberhalb des Trubels an einem Berghang gelegen. Kostenloser Bustransfer zum Strand. *Tel. 8 60 46, Fax 8 57 41, Kategorie 1*

Limberia
Wer in Faliráki wohnen und es trotzdem etwas ruhiger haben möchte, ist in dem 1987 erbauten 160-Betten-Haus richtig. Es liegt etwa 800 Meter vom Ortszentrum entfernt an einer Nebenstraße (Wegweiser von der Hauptstraße »Profitis Ammós«); zum Strand sind es etwa 400 Meter. Alle Zimmer haben Bad/WC; es gibt einen Swimmingpool, eine Snack-Bar und einen Tennisplatz. Der in den Hotels fast schon obligatorische »griechische Abend« findet freitags statt. *Tel. 8 50 09, Kategorie 2*

Mousses
Das nach Faliráki-Maßstäben kleine Haus (90 Betten) ist zu Fuß etwa 15 Minuten vom Ortskern entfernt; zum Strand (Sand und Kiesel) sind es nur 200 Meter. Der Komplex ist in bungalowartige Einheiten aufgeteilt, die meist ebenerdig sind. Zu den Zimmern gehören Bad/WC sowie Balkon oder Terrasse. Die Anlage hat einen eigenen klei-

nen Swimmingpool. *Tel. 8 53 03, Fax 8 56 25, Kategorie 2*

Während der Saison gibt es Wassersport-Angebote für jeden Geschmack: Tret-, Paddel- und Motorbootfahren, Wasser- und Jetski, Surfen, Parasailing; außerdem kann man Tennis oder Minigolf spielen. Das billigste Vergnügen ist nach wie vor Schwimmen — auch in Faliráki ist dieser Spaß umsonst. Die beste Adresse für organisierte Wassersport-Angebote sind die großen Hotels. Im *Apollo Beach (Tel. 8 52 51, 8 55 13)* zum Beispiel kann man auch als Tagesgast die Angebote am Strand und den Swimmingpool nutzen und sich dann in der Snack-Bar stärken.

AM ABEND

In Faliráki muß sich abends niemand langweilen. Probleme haben wohl eher diejenigen, die früh ins Bett gehen und dann keine Ruhe finden, weil überall noch so viel »läuft«. Ab Mitternacht schweigt in den Wohngebieten die Musik, und wer dann noch nicht müde ist, feiert in den Diskos am Strand weiter.

Set

🏃 In der Disko an der Küstenstraße geht es bis in die frühen Morgenstunden hoch her. *Tel. 8 69 12*

ZIELE IN DER UMGEBUNG

Anthony Quinn   **(F 3)**

Die kleine felsige Badebucht bei Ladikó trägt diesen großen Namen, weil die griechischen Obristen sie dem berühmten Schauspieler geschenkt hatten — zum Dank dafür, daß er auf Rhodos den Kostümfilm »Die Kanonen von Navarone« (weitere Hauptdarsteller waren Gregory Peck und Irene Papas) gedreht und damit die Insel einem Millionenpublikum bekannt gemacht hatte. Quinn, so erzählt man sich, hat die ganze Zeit bei Einheimischen gewohnt — und am Schluß der Dreharbeiten beherrschte er auch die schlimmsten griechischen Flüche. Die spätere, demokratisch gewählte Regierung hat

In der Anthony Quinn-Bucht können heute auch normale Sterbliche baden

die Schenkung der Obristen allerdings wieder rückgängig gemacht. So ist die wunderschöne Bucht mit dem Sandstrand heute für alle da. *Auf der Küstenstraße Richtung Lindos biegt man nach 1 km links ab, Richtung Ladikó, schräg gegenüber vom Hotel »Ladikó« führt eine Schotterstraße zur Bucht.* 4 km

Ladikó   (F 3)

Erst seit ein paar Jahren entwickelt sich das kleine Dorf zum Badeort. Für Urlauber, die ihre Ruhe haben möchten, aber manchmal doch Lust auf lärmiges Strandleben haben, ist der Ort geradezu ideal – es ist nicht weit nach Faliráki. 1989 hat das 222-Betten-Hotel *Cathrin* eröffnet, während der Hochsaison ist es aber meist von Pauschalurlaubern belegt. 3 km

KÁMIROS

(F 3) ★ Wohnen und Urlaub machen kann man hier nicht – die Stadt wurde nach dem Erdbeben im 2. Jh. n. Chr. nie wieder besiedelt. Dennoch ist Kámiros der prominenteste Ort an der Westküste, und die Insel zeigt dort eines ihrer schönsten Gesichter.

BESICHTIGUNG

Ausgrabungen

Eine Warnung vorweg: Während der Saison überschwemmen oft mehrere Busladungen von Menschen das Ausgrabungsgelände. Wer den Rundgang genießen will, sollte gleich zu Beginn der Öffnungszeit oder kurz vor Schluß kommen.

Kámiros war die kleinste der drei dorischen Städte und hatte ihre Blütezeit im 6. Jh. v. Chr. Wiederentdeckt wurde sie erst Mitte des 19. Jh., und ausgegraben von den Italienern erst in den dreißiger Jahren. Die Stadt ist an einen Hang gebaut; von den Häusern aus sieht man auf grüne Felder, Pinienwälder und Olivenhaine, und die Bewohner der Oberstadt hatten sogar die Küste im Blick. Diese 🌅 Aussicht kann man heute noch genießen – kein Hotel, keine Industrieanlage verstellt den Blick.

Für die ausgesucht schöne Lage ihrer Stadt haben die Bewohner von Kámiros allerdings teuer bezahlt. Im Jahr 226 v. Chr. zerstörte ein Erdbeben fast sämtliche Gebäude. Die Menschen bauten ihre Stadt trotzdem wieder auf. Rund drei Jahrhunderte später, 142 n. Chr. machte ein weiteres großes Beben Kámiros dem Erdboden gleich. Diesmal wollte niemand mehr bleiben – die Stadt wurde verlassen.

Die Ruinen des rhodischen Pompeji stammen größtenteils aus hellenistischer Zeit. Die Stadt steigt terrassenförmig an. Die unterste Terrasse wurde aus dem Hang herausgehauen, durch Aufschüttungen und eine Stützmauer befestigt und dann zu einem Marktplatz, der Agora, ausgebaut. An den Seiten standen Heiligtümer, Statuen und ein paar Wohnhäuser. Der kleine Tempel in der Mitte war wahrscheinlich Apollo geweiht.

Östlich vom Apollo-Tempel liegt ein großer Festplatz mit einer niedrigen Zuschauertribüne. Wahrscheinlich fanden dort zu Ehren des Gottes rituelle Handlungen statt. Der Festplatz grenzt im Westen an ein Wohnviertel, das direkt an der antiken

Luxuriös wohnte es sich in den Atriumhäusern des antiken Kámiros

Hauptstraße liegt. Sie führt vorbei an einem öffentlichen Bad, einem Brunnenhaus (an mehreren Stellen erhaltene Tonröhren zeugen vom antiken Wasserversorgungs- und Kanalisationssystem) und weiteren Wohnvierteln bis hinauf zur Akropolis, von deren einst prächtigen Bauten kaum etwas erhalten geblieben ist. Auf dem großen Gelände bekommt man jedoch einen guten Eindruck vom Leben in einer hellenistischen Stadt. *Di–Fr 8.30–16 Uhr, Sa und So 8.30–15 Uhr, Eintritt 800 Drs., Film- und Video-Erlaubnis zusätzlich 1000 Drs.*

RESTAURANT

New Kamiros

Auf der Speisekarte Rotbarben, gegrillter Tintenfisch und andere Meeresfrüchte, aber auch Fleischgerichte. Ein beliebtes Ausflugsziel für die Bewohner von Rhodos-Stadt, in jedem Fall ein guter Platz, um sich vom Aufstieg zum alten Kámiros zu erholen. *Tel. 4 12 41, Kategorie 2*

ZIELE IN DER UMGEBUNG

Alimniá (O)

★ Die heute unbewohnte Insel ist ein einziger, herrlicher Badestrand. Die Fischer von Chálki bringen für wenig Geld (10–12 Mark pro Person, wenn mehrere mitfahren) Badelustige hinüber. Auf Alimniá stehen heute nur noch ein paar verfallende Gebäude, darunter ein dem Hl. Georg geweihtes Kloster. Alljährlich feiern die Fischer mit ihren Familien dort den Namenstag des Schutzheiligen.

Chálki

Der kahle Winzling im Meer (28 km²) ist ein beliebtes Ausflugsziel. Auf der ehemaligen Schwamm-Insel wohnen noch etwa 300 Menschen, alle im Hauptort Nimborió. Von Kámiros braucht das Schiff je nach Wetter zwei bis drei Stunden. Schon bei der Einfahrt in den Hafen fallen die in Pastellfarben gestrichenen alten Häuser ins Auge. Leider sind die meisten in keinem guten Zustand mehr, weil die Besitzer kein Geld für große Reparaturen haben. Mit Geldern aus den Mittelmeer-Integrationsprogrammen der EG wurden bisher sieben Häuser restauriert.

1982 erklärte die UNESCO Chálki zur »Insel des Friedens und der Freundschaft für die Jugend der Welt«. ⚡ Jedes Jahr im September kommen Jugendliche von überall für zwei Wochen zu Seminaren und Vorlesungen auf die Insel. Baden kann man z.B. am Strand Botamós, nicht weit von Nimborió. Drei Kilometer von dem Städtchen entfernt liegt eine Kreuzritterburg. Der Aufstieg lohnt sich schon wegen des ❀❀ Ausblicks auf die beiden einsamen Badebuchten in der Tiefe. Wer von Kámiros Skála nach Chálki übersetzt, muß eine Übernachtung einplanen, weil das Schiff erst am nächsten Tag zurückfährt.

Wohnen kann man zum Beispiel im kleinen, traditionell eingerichteten Hotel Kleanthi *(14 Betten, Tel. 02 41/5 73 34, Kategorie 3)* oder im kleinen Apartmenthaus Markos *(6 Betten, Tel. 02 41/4 53 47, Kategorie 3)* oberhalb des Hafens. *Tgl. ab Kámiros Skála. Sonntags mit dem Tragflügelboot ab Mandráki, Hinfahrt 9 Uhr, Rückfahrt 16 Uhr. Tagesausflüge während der Saison über: Rhodos Express, Odós Ethnárchou Makaríou 45, Rhodos-Stadt, Tel. 2 13 03. Ein- bis zweimal wöchentlich hält die Fähre Piräus—Rhodos.*

Kámiros Skála (A 4)

Der kleine Fischerhafen südlich der antiken Stadt ist in erster Linie für diejenigen interessant, die zur Nachbarinsel Chálki übersetzen wollen. Jeden Tag kommt ein Kaíki (so heißen die großen Fischerboote), bringt frischen Fisch und lädt Versorgungsgüter für Chálki. Auch Passagiere können mitfahren. Sonst bietet der Ort nicht viel — außer einer Taverne, die auch Einheimische gerne besuchen. 14 km

Kritiniá-Burg (A 4)

Von der verfallenen Johanniter-Burg bieten sich herrliche Blicke ins Umland. Leider sind die Felsen ungesichert, deshalb sollte man für den kurzen Anstieg feste Schuhe anziehen und kleine Kinder an die Hand nehmen. Von Kámiros Skála kommend, biegt man kurz vor dem Dorf Kritiniá (Hinweisschild) rechts auf eine Schotterstraße ab. *Ständig frei zugänglich.* 17 km

KOLÍMBIA

(**E 4**) Das Dorf mit den Sand- und Kieselstränden lockt Jahr für Jahr mehr Urlauber an. An die 40 Hotels wurden hier seit 1983 gebaut, meist flache Komplexe, die oft sogar recht gut in die Landschaft passen. Hier ist alles noch eine Nummer kleiner als in Faliráki. Es gibt nur eine Disko, ein paar Kaufläden und eine Reihe netter Tavernen, die besonders auf deutsche Gäste eingestellt sind. Am Strand kann man Surfbretter leihen, Tennisplätze vermieten die großen Hotels.

RESTAURANT

To Nisáki

Das »Inselchen« (so die deutsche Übersetzung) ist eine echte Fischtaverne. Vieles, was der Wirt auf den Tisch bringt, hat er selbst aus dem Wasser geholt. Nebenan betreibt er eine Bar, zum Strand sind es nur ein paar Schritte. *Nicht weit vom Hotel »Relax«, Tel. 5 63 60, Kategorie 2*

HOTELS

Irene Palace

Das Vier-Sterne-Haus liegt direkt am Sand- und Kieselstrand. Modern eingerichtete Zimmer; Swimmingpool, Sauna, Supermarkt, Restaurant, Boutique, Friseur — alles ist vorhanden. Man kann Tennis und Tischtennis spielen oder seine Muskeln im Fitneßraum stählen. Gelegentlich werden Tanz- und Folkloreabende veranstaltet. *Tel. 5 62 63, Fax 5 62 24, Kategorie 1*

Kolymbia Sky

Wegen seiner ruhigen Lage direkt am Meer ist das Haus ideal für einen erholsamen Strandurlaub. *Tel. 5 62 71, Fax 5 62 74, Kategorie 2*

ZIELE IN DER UMGEBUNG

Ágios Nikólaos Fountouklí (C 4)

Das Kirchlein des »Heiligen Nikolaus von den Haselnüssen« liegt mitten in den Feldern an der kleinen Straße, die von Eleoússa auf den Profítis Ilías führt. Es stammt aus dem 14. Jh. und war ursprünglich die Hauptkirche eines Klosters, von dem aber sonst nichts erhalten geblieben ist. Gestiftet wurde das Kloster von einem hohen byzantinischen Beamten auf Rhodos. Er ist zusammen mit seiner Frau auf einem Fresko neben der westlichen Eingangstür dargestellt. Beide übergeben auf diesem Bild gerade die Kirche an Christus, der von der Jungfrau Maria und Johannes dem Täufer flankiert wird. An der gegenüberliegenden Wand sind die drei Kinder des Paares abgebildet. Eine Inschrift verrät, daß sie nahezu gleichzeitig — wohl an einer Seuche — gestorben sind. Die Weinreben und Vögel im Hintergrund drücken die Hoffnung der Eltern aus, daß Gott ihre Kinder ins Paradies aufgenommen hat. Die übrige Ausmalung der Kirche folgt dem traditionellen byzantinischen Muster: Heilige, Propheten und biblische Szenen aus Neuem und Altem Testament. Nur ein paar Schritte entfernt ist eine Wasserstelle; ein Tisch und zwei lange Bänke unter Bäumen laden zu einer Rast ein. 25 km

Archípolis (D 4)

Das kleine, noch sehr »griechische« Dorf im Inselinneren hat von den Touristenströmen bisher nicht viel mitbekommen. Es gibt dort ein paar einfache Tavernen, Kafenía und Privatzimmer. 15 km

Eptá Pigés (E 4)

Im Tal der »Sieben Quellen« unter den riesigen Platanen ist es immer angenehm kühl. Man sollte allerdings nicht im Sommer von Kolímbia aus hierher wandern, auf der ganzen Strecke gibt es keinen Schatten. Attraktion des Ausflugsortes ist ein 186 Meter langer, unterirdischer Wassergraben aus der Zeit der italienischen Besatzung – ein ⚢ Geheimtip unter jugendlichen Liebespärchen, die beim Küssen ungestört sein wollen. Am Ende des Tunnels liegt ein Teich mitten in einer sanft gewellten, grünen Landschaft. Wer das idylliche Bild genießen will, ohne sich die Füße naß zu machen, geht über den Hügel, durch den der Tunnel führt. Gleich hinter dem Parkplatz liegt die Taverne *Seven Springs (Kategorie 3)*, in der man einfache griechische Gerichte wie *souflàki* (Schaschlik) oder *paidákia* (Lammkoteletts) bestellen kann. In der Hochsaison sind die langen Tische aber oft bis auf den letzten Platz besetzt. 10 km

Profítis Ilías (B–C 4)

Hirsch und Hirschkuh, die Wappentiere der Insel, gibt es auf dem dritthöchsten Berg von Rhodos (798 m) noch im Original. Die Landschaft erinnert an die Alpen — auf dem Profítis Ilías vergißt man schon mal, daß er zur Ägäis-Insel Rhodos gehört.

Man kann wandern oder auch mit dem Auto hinauffahren: von Sálakos im Norden, von Eleoússa im Osten oder von Embonas im Südwesten. Etwa 100 m unterhalb des Gipfels liegen zwei Hotels, die noch aus der Zeit der italienischen Besatzung stammen. Beide sind leider zur Zeit geschlossen. 30 km

Tsambíka (E 5)

Das unbewohnte Nonnenkloster mit dem schneeweißen Kirchlein liegt auf einem Hügel zwischen Küstenstraße und Meer. Geweiht ist es der »Muttergottes« *(Panagía)*. Tsambíka heißt im rhodischen Dialekt »Feuerschein«, und über die Entstehung des Klosters gibt es eine Legende, die jeder ein bißchen anders erzählt. Eine Version geht so: Ein Ehepaar war kinderlos

Schönen Sandstrand bietet die geschützte Bucht von Tsambíka

und hatte die Hoffnung auf Nachwuchs schon fast aufgegeben. Da sah der Mann eines Nachts auf dem Berg einen geheimnisvollen Feuerschein. In der nächsten Nacht sah er ihn wieder und in der Nacht darauf noch einmal. Er wanderte hin und fand an der Stelle des Feuerscheins eine Ikone der Muttergottes. Er gelobte ihr, ein Kloster für sie zu errichten, wenn seine Frau schwanger würde. Als er nach Hause kam, sagte ihm seine Frau, daß sie ein Kind erwarteten. Die beiden bekamen ein Mädchen, das sie Tsambíka, Feuerschein nannten, und der Mann baute das Kloster, wie er gelobt hatte. Tsambíka und Tsambíkos sind auch heute noch typische rhodische Vornamen.

Das weiße Klosterkirchlein ist heute noch ein Wallfahrtsort, besonders für junge Frauen, die sich eine glückliche Ehe und Kinder erhoffen. Der größte Teil des Weges ist betoniert, so daß man mit dem Auto oder Moped hinauffahren kann – eine Pilgerin geht aber möglichst zu Fuß. Besonders erfolgversprechend soll die Wallfahrt sein, wenn sie sich für den letzten Abschnitt der Wallfahrt, immerhin noch rund 20 Minuten, einen Sack mit einem schweren Stein auf die Schulter packt, wie sie unter einem Bild der Muttergottes bereitliegen. Diesen Stein kann sie dann benutzen, um sich über die unwegsamen Stellen des steilen Pfades hinwegzuhelfen.

Auf dem kleinen Plateau vor dem letzten Stück des Aufstiegs liegt das Restaurant *Tsambíka*. Einheimische können dort, wie ein Schild verkündet, Hochzei-

ten und Taufen feiern – und Urlauber neue Drachmen einwechseln, falls die mitgebrachten zum Einkehren nicht mehr reichen.

Durch ein weißes Tor führt der Weg in den Klosterhof. Links ein leeres Zimmer, das Pilgern als Schlafraum dient. In der Kammer auf der rechten Seite kann man sich in eins der dicken Gästebücher eintragen. Viele einheimische Besucherinnen haben sich mit seitenlangen, anrührenden Briefen an die »liebe Muttergottes« verewigt. Die Ikone der Muttergottes in der Kapelle ist mit Weihgaben *(támata)* behängt; die Fresken sind nicht sehr gut erhalten.

Vor dem Abstieg kann man noch einmal die ⚐ Aussicht auf die Buchten der Ostküste und vor allem auf den Tsambíka-Sandstrand genießen, der zu den schönsten der Insel zählt.

★ Am Geburtstag der Muttergottes, dem 8. September, pilgern viele Menschen, besonders Frauen, zu einem der beiden Klöster. Das Schauspiel vermittelt einen Eindruck davon, wie tief die Religion auf der Insel immer noch verwurzelt ist. Gäste, die mit dem nötigen Respekt daran teilnehmen (dazu gehört auch, daß man nicht gerade in hot pants erscheint), sind gern gesehen.

Das moderne Kloster der Muttergottes Tsambíka liegt direkt an der Küstenstraße Richtung Lindos, etwa 1 km von der Abzweigung zum Wallfahrtskirchlein entfernt. Die Klosterkirche stammt aus dem 18. Jh. und enthält eine kostbare Ikonostase; von der Decke hängen glitzernde venezianische Lüster. 5 km

Von Auskunft bis Zoll

Hier finden Sie kurzgefaßt
die wichtigsten Adressen und Informationen
für Ihre Rhodos-Reise

AUSKUNFT

Griechische Zentrale für Fremdenverkehr
Wittenbergplatz 3 a, 10789 Berlin, Tel. 0 30/2 17 62 62, Fax 2 17 79 65
Neue Mainzer Str. 22, 60311 Frankfurt/Main, Tel. 0 69/23 65 61–63, Fax 23 65 76
Abteistr. 33, 20149 Hamburg, Tel. 0 40/45 44 98, Fax 44 96 48
Pacellistr. 2, 80333 München, Tel. 0 89/22 20 35-6, Fax 29 70 58
Opernring 8, 1010 Wien, Tel. 01/5 12 53 17, Fax 5 13 91 89
Löwenstr. 25, 8001 Zürich, Tel. 01/2 21 01 05, Fax 2 12 05 16

ARZT – APOTHEKEN

Allgemeines Krankenhaus
(Jenikó Nossokomío), Rhodos-Stadt, Odós Erythroú Stavroú, Notaufnahme Tel. 2 55 55
Die Apotheken *(farmakíon)* auf Rhodos sind offiziell samstags und sonntags geschlossen; der Notdienstplan hängt im Fenster und steht u. a. in den englischsprachigen Anzeigenblättern. Es empfiehlt sich eine Auslandskrankenversicherung.

AUTO

Es genügt der nationale Führerschein. Die Mitnahme einer internationalen grünen Versicherungskarte für das eigene Fahrzeug ist empfehlenswert, aber nicht Pflicht. Das Tankstellennetz ist dicht, bleifreies Benzin überall erhältlich. Pkw aller Art benötigen in Griechenland grundsätzlich Superbenzin. Pannenhilfe des griechischen Automobilclubs ELPA insel- und landesweit: *Tel. 1 04.*

Auf Rhodos, wie in ganz Griechenland, herrscht Anschnallpflicht auf den Vordersitzen. Höchstgeschwindigkeit in Ortschaften 50 km/h, auf Landstraßen 80 km/h; Hupen vor unübersichtlichen Kurven üblich, in Ortschaften verboten. Promillegrenze 0,5 – harte Strafen bei Trunkenheit!

Mietwagen können in allen Urlaubsorten sowie am Flughafen geliehen werden. Vollkaskoversicherungen decken keine Schäden an Reifen und an der Unterseite des Wagens ab, um die Mieter von Fahrten auf zu schlechten Wegen abzuhalten.

BANKEN – GELD

Alle Banken und Postämter wechseln Geld und lösen Reise- oder Eurocheques ein. Höchstbetrag pro Eurocheque 45 000 Drs. Private Wechselstuben und Reisebüros nehmen im Gegensatz zu Banken und Postämtern auch für die Einlösung von Eurocheques eine Gebühr! Öffnungszeiten: *Banken Mo–Do 8–14 Uhr, Fr 8–13.30 Uhr, Postämter Mo–Fr 7.30–15 Uhr.* Verlängerte Öffnungszeiten bei einigen Banken und Postämtern in den Touristenzentren. Abhebungen vom Postsparbuch sind nicht möglich.

An den Bargeldautomaten der National Bank kann man mit EC-Karte und Geheimnummer je nach persönlichem Limit bis zu 100 000 Drs. pro Tag abheben. Die Gebühren dafür sind niedriger als für die Einlösung von Schecks. Bei den Vertragsbanken der Kreditkartenunternehmen kann man Bargeld gegen Vorlage der Kreditkarte abheben.

BUSSE

Überlandbusse

Orte an der Ostküste werden von der Busgesellschaft KTEL angefahren; für die Westküste ist das Unternehmen RODA zuständig. In Rhodos-Stadt liegen die *Bahnhöfe* beider Betriebe am *Neuen Markt (Néa Agorá)*, KTEL/ Ostküste vor dem *Fremdenverkehrsamt*, RODA/Westküste in der Odós Papágou am Eingang von »Ton und Licht«. Abfahrt ab dem frühen Morgen in Abständen von 30 Minuten bis drei Stunden, Fahrpreis je nach Entfernung zwischen ca. 2,20 und 10 Mark, bezahlt wird im Bus.

Stadtbusse Rhodos-Stadt

Es gibt fünf Linien; der Busbahnhof ist an der *Platía Eleftherías (Néa Agorá/Mandráki)*. Fahrpreis einheitlich ca. 1,20 Mark, Karten vorher am Schalter der RODA-Betriebe (Mandráki) oder am Kiosk kaufen.

CAMPING

Nicht direkt am Meer, aber mit kleinem Swimmingpool: *Camping Faliráki, Old Ave. Lindou, 16th km, Tel. 8 55 16 oder 8 53 58*

»Wildes« Zelten ist verboten, und Rucksacktouristen, die ihre Schlafsäcke am Strand ausrollen, sind nicht mehr gern gesehen.

EINREISE

Gültiger Personalausweis (auch für Türkei-Ausflüge). Kinder unter 16 Jahren müssen im Paß eines mitreisenden Elternteils eingetragen sein oder benötigen einen Kinderausweis (ab zehn Jahren mit Lichtbild).

Dieser Weg ist nicht zu verfehlen

EINTRITTSPREISE

Sonntags ist der Eintritt zu allen staatlichen Museen und zu den archäologischen Stätten frei. An anderen Tagen erhalten Schüler und Studenten 50% sowie Senioren ab 60 Jahren aus EU-Staaten ca. 30% Ermäßigung.

FKK

Es gibt einen FKK-Strand in Faliráki, sonst ist Nacktbaden offiziell verboten. »Oben ohne« ist verbreitet und wird toleriert.

GOTTESDIENSTE

Zu griechisch-orthodoxen Gottesdiensten sind Andersgläubige willkommen. Katholische und evangelische Gottesdienste finden in mehreren Kirchen und Sprachen statt. *Auskunft beim Fremdenverkehrsamt Rhodos-Stadt*

KONSULATE

Honorarkonsulat der Bundesrepublik Deutschland
Rhodos-Stadt *Párodos Issiódou 12, Tel.* 6 37 30

Honorarkonsulat der Republik Österreich
Rhodos-Stadt *Odós 25 Martíou 17, Tel.* 2 08 31

Schweizer Botschaft
Odós Iassíou 2, 11 521 Athen, Tel. 01/7 23 03 64–6 oder 7 24 92 08

NOTRUF

Polizei: 100
Touristenpolizei Rhodos-Stadt: *2 33 29 oder 2 74 23 (Ecke Odós Papágu und Makaríu)*

ÖFFNUNGSZEITEN

Die Läden sind recht unterschiedlich geöffnet, meist 9–13.30 und 16–20 Uhr, in der Saison bis in den späten Abend und dann auch am Wochenende; montags und mittwochs nachmittags ist oft geschlossen. Für den täglichen Bedarf gibt es in jedem Dorf mindestens einen kleinen Laden *(bakáliko)*. Die Öffnungszeiten variieren, zwischen 14 und 17 Uhr ist die Tür meist verschlossen, dafür ist der Kaufmann oft noch nach 20 Uhr da.

ORTSZEIT

Immer eine Stunde später als in Mitteleuropa. Wenn es in Deutschland 12 Uhr ist, ist es auf Rhodos 13 Uhr.

POST – TELEFON

Postämter
Geöffnet in der Regel Mo–Fr 7.30 bis 15 Uhr. Hauptpostamt Rhodos-Stadt *(Platía Dimarchíou/Mandráki)*: Mo–Fr 7.30 bis 20 Uhr. Das Porto für eine Postkarte oder einen Brief innerhalb Europas kostet 90 Drs. Briefmarken gibt es gegen Aufpreis auch an manchen Kiosken und Hotelrezeptionen sowie in vielen Souvenirläden, die Ansichtskarten verkaufen.

Telefonieren
Für die Telekommunikation ist die staatliche Telefongesellschaft O.T.E. zuständig. Zentralbüro in Rhodos-Stadt: *Ecke Odós Amerikís und 25. Martíu*, während der Saison von 6–24 Uhr geöffnet. Filiale: *Lindos, Odós Akropóleos, Mo–Sa 7.30–15 Uhr.*

OTE-Telefone, von denen aus man zum offiziellen Tarif telefonieren kann, stehen in den Dörfern in Kafenía oder an Kiosken. Die Öffnungszeiten sind von Ort zu Ort unterschiedlich. Weit verbreitet sind inzwischen Kartentelefone; Telefonkarten sind an Kiosken und in den OTE-Büros erhältlich. Es gibt sie für 100 Einheiten (1300 Drs.), 500 Einheiten (6000 Drs.) und 1000 Einheiten (11.500 Drs.). Telefonate von Hotels und Reisebüros aus vermeidet man wegen der hohen Preisaufschläge besser. Billigtarif für Ferngespräche: 20–7 Uhr.

Vorwahl nach Griechenland: 00 30
Vorwahl nach Deutschland: 00 49
Vorwahl nach Österreich: 00 43
Vorwahl in die Schweiz: 00 41
Wichtige Vorwahlnummern auf Rhodos:
Im Dreieck Rhodos-Stadt – Afántou – Soroní: 02 41
Im Osten der restlichen Insel (z. B. Archángelos, Lindos, Lárdos, Kattaviá): 02 44
Im Westen (z. B. Apolakkiá, Monólithos, Embonas): 02 46

RADIO – TV

Radioprogramm in englischer Sprache tgl. 17–18 Uhr auf UKW 95,9 (Radio 95,9 International).
In einigen Hotels und Pensionen mit Satellitenschüssel sind ausländische Privatkanäle zu empfangen.

REISEZEIT

Immer, abgesehen von den regnerischen, stürmischen Wintermonaten Dezember bis Mitte März.

TANKSTELLEN

Geöffnet Mo–Sa 7–19 Uhr. Wochenend-Dienste zu erfragen in Rhodos-Stadt, Tel. 2 74 23. Nur Super (auch bleifrei), Diesel und Moped-Mix. Keine Selbstbedienung.

TAXI

Die grauen oder blauen Wagen (in Athen: gelb) stehen am Flughafen, vor den großen Hotels und am Taxistand in Rhodos-Stadt (Mandráki). Telefonische Bestellung: 6 47 34 oder 6 47 12. Man kann Taxen auch auf der Straße anhalten. Starttarif ca. 2 Mark, jeder gefahrene Kilometer 70 Pfennig, außerhalb von Ortschaften und nach 24 Uhr doppelter Tarif, Flughafen-Aufschlag; Gepäck kostet extra.

TIERE

Vorschrift für die Einfuhr ist ein internationaler Impfpaß oder ein amtstierärztliches Gesundheitszeugnis mit englischer oder französischer Übersetzung, das nicht älter als 14 Tage sein soll.

TRINKGELD

Etwas »drauflegen« ist üblich; dabei kann man sich an den ungeschriebenen Richtwert von fünf bis zehn Prozent halten.

ZEITUNGEN

Deutschsprachige sowie internationale Zeitungen und Zeitschriften sind während der Saison in allen Städten und größeren Urlaubszentren, meist einen Tag nach Erscheinen, erhältlich.

ZOLL

Für den privaten Verbrauch bestimmte Waren dürfen zwischen Deutschland, Österreich und Griechenland bis zu gewissen Glaubwürdigkeitsgrenzen mitgeführt werden. Sie liegen bei 800 Zigaretten, 110 Liter Bier, 90 Liter Wein und 10 Liter Spirituosen pro Person. Für Reisende aus der Schweiz sind es 200 Zigaretten und 2 l Wein. Für zollfrei eingekaufte Waren sind auch für Deutsche und Österreicher weiterhin die alten Grenzen gültig: 200 Zigaretten oder 50 Zigarren, 2 l Wein, 1 l Spirituosen und 50 g Parfüm oder 250 ml Eau de Toilette. Die Ausfuhr von Antiquitäten ist streng verboten.

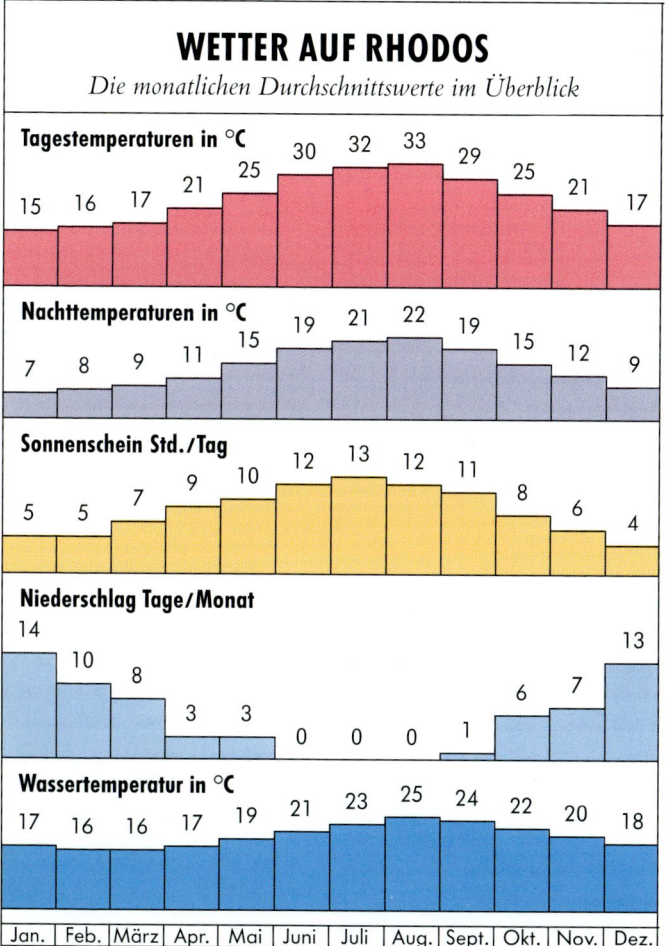

WETTER AUF RHODOS

Die monatlichen Durchschnittswerte im Überblick

Tagestemperaturen in °C

Jan.	Feb.	März	Apr.	Mai	Juni	Juli	Aug.	Sept.	Okt.	Nov.	Dez.
15	16	17	21	25	30	32	33	29	25	21	17

Nachttemperaturen in °C

Jan.	Feb.	März	Apr.	Mai	Juni	Juli	Aug.	Sept.	Okt.	Nov.	Dez.
7	8	9	11	15	19	21	22	19	15	12	9

Sonnenschein Std./Tag

Jan.	Feb.	März	Apr.	Mai	Juni	Juli	Aug.	Sept.	Okt.	Nov.	Dez.
5	5	7	9	10	12	13	12	11	8	6	4

Niederschlag Tage/Monat

Jan.	Feb.	März	Apr.	Mai	Juni	Juli	Aug.	Sept.	Okt.	Nov.	Dez.
14	10	8	3	3	0	0	0	1	6	7	13

Wassertemperatur in °C

Jan.	Feb.	März	Apr.	Mai	Juni	Juli	Aug.	Sept.	Okt.	Nov.	Dez.
17	16	16	17	19	21	23	25	24	22	20	18

Bloß nicht!

Damit die Ferien auf Rhodos ein Erfolg und ein Vergnügen werden — hier ein paar kleine Tips

Kirchenbesuch im Bikini

Auf Rhodos freut man sich, wenn die Gäste die Kirchen besichtigen oder auch am Gottesdienst teilnehmen. Leider kommt es immer wieder vor, daß Besucher in Shorts oder Badekleidung durch Klostergänge schlendern oder aufdringlich bei Wallfahrten fotografieren. Wer die religiösen Gefühle anderer nicht respektieren kann, sollte besser einen Bogen um die Kirchen machen.

Fahr-Spaß ohne Reue

Mit einem eigenen Fahrzeug lernen Sie Rhodos sicher am besten kennen. In viele Dörfer fahren nur selten Busse, und oft sind sie dann brechend voll. Dafür locken überall Auto- und Motorradverleiher mit »Sonderangeboten«. Bevor Sie zugreifen, ein paar Tips: Überschätzen Sie sich nicht. Viele Urlauber mieten ein Moped oder Auto, das sie nicht sicher fahren können, oder sie geben forscher Gas, als sie es zu Hause tun würden. Oft enden solche Fahrten im Krankenhaus oder noch schlimmer. Kalkulieren Sie ein, daß Fahrzeug, Straßen und Wetter für Sie ungewohnt sind. Für kurze Strecken reicht vielleicht auch ein Fahrrad! Motorradfahrer/innen sollten eigene Helme mitbringen. Viele Verleiher haben gar keine oder schlechte Helme (obwohl auch in Griechenland ein Helm bereits beim Mopedfahren Pflicht ist!).

Im Vertrag ist immer eine Teilkaskoversicherung (Haftungsausschluß gegen Dritte) enthalten. Viele Vermieter bieten außerdem eine Vollkaskoversicherung an. Sehen Sie sich die Bedingungen vor der Unterschrift genau an.

Bitte lächeln

Die meisten Rhodier lassen sich gern fotografieren. Fotografen, die sich wie Jäger benehmen, mögen sie aber nicht. Bevor man auf den Auslöser drückt, sollte man höflicherweise mit einem Lächeln das Einverständnis des Motivs einholen.

Nepp

Nobody is perfect. Auch unter den überwiegend ehrlichen Rhodiern gibt es einige, die Touristen zu übervorteilen versuchen. Manchmal ist aber auch der Urlauber im Unrecht: Beim Essen muß immer ein Preis fürs Couvert bezahlt werden (60–300 Drs.); nach Fahrpreiserhöhungen werden aus Sparsamkeitsgründen Bus- und Schiffstickets mit dem aufgedruckten alten Preis immer erst aufgebraucht, bevor neue in Umlauf kommen.

In diesem Register finden Sie die in diesem Führer erwähnten Orte und Hotels (Bilder kursiv).

Was bekomme ich für mein Geld?

 In Griechenland steigen die Preise für Lebensmittel, Kleidung, Benzin und andere Waren des täglichen Bedarfs von Jahr zu Jahr kräftig an; die Inflationsraten erreichen bis zu zehn Prozent. Wer in der Bundesrepublik sein Geld verdient, lebt aber dennoch billiger als zu Hause. Beispiele: Ein Essen in einer Taverne der mittleren Preisklasse (Vorspeise, Hauptgericht, Wein) kostet in Rhodos-Stadt um die 25 Mark, auf dem Dorf 8 Mark. Für ein Surfbrett zahlt man ab 18 Mark, für das Leihfahrrad ab 12 Mark, je pro Tag, ab einer Woche gibt es Rabatt; Leihmotorrad (50 Kubik, z. B. Yamaha Chappy) ab 30 Mark pro Tag; Kleinwagen (z. B. Fiat Panda) inkl. Teilkasko und Steuern von einheimischem Verleiher: ca. 80 Mark pro Tag; Leih-Jeep über einen deutschen Reiseveranstalter in der Hauptsaison für drei Tage ca. 300 Mark incl. Vollkasko; Mofa pro Tag ca. 20 Mark; Benzin etwa 1,35 Mark pro Liter. Die Taxifahrt von Rhodos-Stadt nach Koskinoú (8 km) kostet ca. 7,50 Mark.

 In kleineren Orten werden Kreditkarten und Schecks oft nicht akzeptiert; Ausnahme: größere Souvenirläden und Textilgeschäfte, große Hotels und Autoverleiher (vor allem Eurocard und Visacard).

DM	Drs	Drs	DM
1	160	100	0,62
2	320	250	1,56
3	480	500	3,12
4	640	750	4,68
5	800	1.000	6,25
10	1.600	1.500	9,37
20	3.200	2.000	12,50
30	4.800	3.000	18,75
40	6.400	4.000	25,00
50	8.000	5.000	31,25
60	9.600	6.000	37,50
70	11.200	7.500	46,87
80	12.800	10.000	62,50
90	14.400	12.500	78,12
100	16.000	15.000	93,75
200	32.000	25.000	156,25
300	48.000	40.000	250,00
500	80.000	50.000	312,50
750	120.000	75.000	468,75
1.000	160.000	100.000	625,00

Sprechen und Verstehen ganz einfach

Zur Erleichterung der Aussprache sind alle griechischen Wörter mit einer einfachen Aussprache (in der mittleren Spalte) versehen. Folgende Zeichen sind Sonderzeichen:

'	die nachfolgende Silbe wird betont
∂	wie englisches »th« in »the«, mit der Zungenspitze hinter den Zähnen
θ	wie englisches »th« in »think«, mit der Zungenspitze zwischen den Zähnen

AUF EINEN BLICK

Ja.	nä.	Ναι.
Nein.	'ochi.	'Οχι.
Vielleicht.	'issos.	'Ισως.
Bitte.	paraka 'lo.	Παρακαλώ.
Danke.	äfchari'sto.	Ευχαριστώ.
Entschuldigung!	si'gnomi!	Συγνώμη!
Wie bitte?	o'ristä?	Ορίστε;
Ich verstehe Sie nicht.	∂ä sass katala'wäno.	Δε σας καταλαβαίνω.
Bitte, wiederholen Sie es.	na to ksana'pite, paraka'lo.	Νά το ξαναπείτε, παρακαλώ.
Ich spreche nur wenig …	mi'lo 'mono liga …	Μιλώ μόνο λίγα …
Können Sie mir bitte helfen?	bo'ritä na mä woi'θisätä paraka'lo?	Μπορείτε να με βοηθήσετε, παρακαλώ;
Ich möchte …	'θälo …	θέλω …
Das gefällt mir nicht.	af'to ∂än mu a'rässi.	Αυτό δεν μου αρέσει.
Haben Sie …?	'ächätä …	'Εχετε …;
Wieviel kostet es?	'posso ko'stisi?	Πόσο κοστίζει;
Wieviel Uhr ist es?	ti 'ora 'inä?	Τι ώρα είναι;
Heute	'simära	Σήμερα
Morgen	'awrio	Αύριο

KENNENLERNEN

Guten Morgen!	kali'mära!	Καλημέρα!
Guten Tag!	kali'mära!/'chärätä!	Καλημέρα/Χαίρετε!
Guten Abend!	kali'spära!	Καλησπέρα!
Hallo! Grüß dich!	'jassu!	Γειά σου!
Wie geht es Ihnen/dir?	'poss 'istä?/'issä?	Πώς είστε;/είσαι
Danke.	äfchari'sto.	Ευχαριστώ.
Und Ihnen/dir?	äs'sis/äs'si?	Εσείς/εσύ;
Auf Wiedersehen!	a'dio!	Αντίο!
Tschüs!	'jassu!	Γειά σου!

Auskunft

links/rechts	aristä'ra/ðäks'ja	Αριστερά/Δεξιά
geradeaus	ef'θia	Ευθεία
nah/weit	ko'nda/maykri'a	Κοντά/Μακριά
Wie weit ist es zum/zur …?	'posso ma'kria 'inä ja …?	Πόσο μακριά είναι για …;
Ich möchte … mieten.	'θälo na ni'kjasso …	Θέλω να νοικιάσω …
… ein Auto	'äna afto 'kinito	ένα αυτοκίνητο
… ein Fahrrad	'äna po'ðilato	ένα ποδήλατο
… ein Boot	'mia 'warka	μια βάρκα
Bitte, wo ist …?	paraka'lo, 'pu 'inä …?	Παρακαλώ, πού είναι …;

Panne

Ich habe eine Panne.	'äpaθa zim'ja.	'Επαθα ζημειά
Würden Sie mir bitte einen Abschlepp-wagen schicken?	θa bo'russatä na mu 'stilätä 'äna 'ochima ri'mulkissis?	Θα μπορούσατε να μου στείλετε ένα όχημα ρυμούλκησης;
Wo ist hier in der Nähe eine Werkstatt?	'pu i'parchi ä'ðo kon'da 'äna sinär'jio?	Πού υπάρχει εδώ κοντά ένα συνεργείο;

Tankstelle

Wo ist bitte die nächste Tankstelle?	'pu 'inä, sass paraka'lo, to e'pomäno wensi-'naðiko?	Πού είναι, σας παρακαλώ, το επόμενο βενζινάδικο;
Ich möchte … Liter …	'θälo … 'litra …	Θέλω … λίτρα …
… Normalbenzin.	ap'li wän'sini.	… απλή βενζίνη.
… Super./Diesel.	'supär./'disäl.	… Σούπερ./Ντήζελ.
… bleifrei/verbleit.	a'moliwði/mä'moliwðo.	… αμόλυβδη/με μόλυβδο.
… mit … Oktan.	mä … o'ktanja.	με … οκτάνια.
Volltanken, bitte.	jä'mistä, paraka'lo.	Γεμίστε, παρακαλώ.
Prüfen Sie bitte den Ölstand.	äksä'tastä, paraka'lo ti 'staθmi tu laðʼju.	Εξετάστε, παρακαλώ τη στάθμη του λαδιού.

Unfall

Hilfe!	wo'iθja!	Βοήθεια!
Achtung!/Vorsicht!	prosso'chi!	προσοχή!
Rufen Sie bitte schnell …	ka'lästä, paraka'lo, 'grigora …	Καλέστε, παρακαλώ, γρήγορα …
… einen Kranken-wagen.	'äna asθäno'foro.	… ένα ασθενοφόρο.
… die Polizei.	tin astino'mia.	… την αστυνομία.
… die Feuerwehr.	tim piroswästi'ki ipirä'sia.	… την πυροσβεστική υπηρεσία.
Geben Sie mir bitte Ihren Namen und Ihre Anschrift.	'pästä mu paraka'lo to 'onoma kä ti ðiäfθin'si sass.	Πέστε μου παρακαλώ το όνομα και τη διεύθυνσή σας.

ESSEN/UNTERHALTUNG

Wo gibt es hier …	pu i'parchi ä'ðo	Πού υπάρχει εδώ …
… ein gutes Restaurant?	'äna ka'lo ästia'torio?	… ένα καλό εστιατόριο;
Gibt es hier eine gemütliche Taverne?	i'parchi ä'ðo ta'wärna mä 'anäti at'mosfära?	Υπάρχει εδώ ταβέρνα με ανετη ατμόσφαιρα;
Reservieren Sie uns bitte für heute abend einen Tisch für 4 Personen.	kra'tistä mas paraka'lo ja 'simera to'wraði 'äna tra'päsi ja 'tässära 'atoma.	Κρατήστε μας παρακαλώ για σήμερα το βράδυ ένα τραπέζι για 4 άτομα.
Bezahlen, bitte.	paraka'lo, na pli'rosso.	Παρακαλώ, να πληρώσω.
Das Essen war ausgezeichnet.	to faji'to 'itan äksäräti'ko.	Το φαγητό ήταν εξαιρετικό.
Messer	ma'chäri	Μαχαίρι
Gabel	pi'runi	Πηρούνι
Löffel	ku'tali	Κουτάλι
Teelöffel	kuta'lakki	Κουταλάκι

EINKAUFEN

Wo finde ich …?	pu θa wro …?	Πού θα βρω …;
Apotheke	to farma'kio	το φαρμακείο
Bäckerei	to artopo'lio	το αρτοπωλείο
Fotoartikel	ta fotografi'ka 'iði	τα φωτογραφικά είδη
Kaufhaus	to polika'tastima	το πολυκατάστημα
Lebensmittelgeschäft	to ka'tastima tro'fimon	το κατάστημα τροφίμων
Markt	i ajo'ra	η αγορά

ÜBERNACHTUNG

Können Sie mir bitte … empfehlen?	bo'ritä paraka'lo na mu si'stissätä	Μπορείτε παρακαλώ να μου συστήσετε …
… ein Hotel	'äna ksänoðo'chio?	… ένα ξενοδοχείο;
… eine Pension	'mia pan'sjon?	… μια πανσιόν;
Ich habe bei Ihnen ein Zimmer reserviert.	'äðo sä sas 'äklissa 'äna ðo'matjo.	Εδώ σε σας έκλεισα ένα δωμάτιο.
Haben Sie noch Zimmer frei?	'ächätä a'kommi ðo'matja ä'läfθära?	Έχετε ακόμη δωμάτια ελεύθερα;
… für eine Nacht	ja mja 'nichta	… για μια νύχτα
… für zwei Tage	ja 'ðio 'märäs	… για δυο μέρες
… für eine Woche	ja mja wðo'maða	… για μια βδομάδα
Was kostet das Zimmer mit …	'posso ko'stisi to ðo'matjo mä	Πόσο κοστίζει το δωμάτιο με …
… Frühstück?	proi'no?	… πρωινό;
… Halbpension?	'mäna 'jäwma?	… μ'ένα γεύμα;

Arzt

Können Sie mir einen guten Arzt empfehlen?	bo'ritä na mu siss'tissätä 'änan ka'lo ja'tro?	Μπορείτε να μου συστήσετε έναν καλό γιατρό;
Ich habe hier Schmerzen.	ä'ðo 'ächo 'ponnus.	Εδώ έχω πόνους.

Bank

Wo ist hier bitte …	'pu 'inä ä'ðo paraka'lo …	Πού είναι εδώ παρακαλώ …
… eine Bank?	mja 'trapäsa?	… μια τράπεζα;
… eine Wechsel-stube?	äna gra'fio sina'lagmatos?	… ενα γραφείο συναλλάγματος;
Ich möchte … DM (Schilling, Schweizer Franken) in Drach-men wechseln.	'θälo na a'lakso … järmani'ka 'marka (sä'linia, älwäti'ka 'franga) sä ðrach'mäs.	Θέλω να αλλάξω … γερμανικά μάρκα (σελίνια, ελβετικά φράγκα) σε δραχμές.

Post

Was kostet …	'posso ko'stisi …	Πόσο κοστίζει …
… ein Brief …	'äna 'gramma	… ενα γράμμα
… eine Postkarte …	mja 'karta	… μια κάρτα …
… nach Deutschland?	ja ti järma'nia?	… για τη Γερμανία;
Österreich/Schweiz	Afs'tria/Elwe'tia	Αυστρία/Ελβετία

Zahlen

0	mi'ðän	μηδέν	20	'ikossi	είκοσι	
1	'äna	ένα	21	'ikossi 'äna	είκοσι ένα	
2	'ðio	δύο	22	'ikossi'ðio	είκοσι δύο	
3	'tria	τρία	30	tri'anda	τριάντα	
4	'tässära	τέσσερα	40	sa'randa	σαράντα	
5	'pändä	πέντε	50	pä'ninda	πενήντα	
6	'äksi	έξι	60	ä'ksinda	εξήντα	
7	ä'fta	εφτά	70	äwðo'minda	εβδομήντα	
8	o'chto	οχτώ	80	og'ðonda	ογδόντα	
9	ä'näa	εννέα	90	änä'ninda	ενενήντα	
10	'ðäka	δέκα	100	äka'to	εκατό	
11	'ändäka	έντεκα	200	ðia'kosja	διακόσια	
12	'ðoðäka	δώδεκα	1000	'chilia	χίλια	
13	ðäka'tria	δεκατρία	2000	'ðio chi'ljaðäs	δύο χιλιάδες	
14	ðäka'tässära	δεκατέσσερα	10000	'ðäka chi'ljaðäs	δέκα χιλιάδες	
15	ðäka'pändä	δεκαπέντε				
16	ðäka'äksi	δεκαέξι	1/2	to 'äna 'ðäftäro	(το) ένα δεύτερο	
17	ðäkaä'fta	δεκαεφτά				
18	ðäkao'chto	δεκαοχτώ	1/4	to 'äna 'tätarto	(το) ένα τέταρτο	
19	ðäkaä'näa	δεκαεννέα				

Κατάλογος φαγητών
Speisekarte

Greek	Pronunciation	German
Καφέ σκέτο	ka'fä 'skäto	ungesüßter Kaffee
Καφέ με γάλα	ka'fä mä 'jala	Kaffee mit Milch
Τσάι με λεμόνι	'tsai mä lä'moni	Tee mit Zitrone
Τσάι από βότανα	'tsai a'po 'wotana	Kräutertee
Σοκολάτα	soko'lata	Schokolade
Χυμό φρούτου	chi'mo 'frutu	Fruchtsaft
Αυγό μελάτο	aw'jo mä'lato	weiches Ei
Ομελέτα	omä'lätta	Omelette
Αυγά μάτια	aw'ja 'matja	Spiegeleier
Αυγά με μπέηκον	aw'ja mä 'bäikon	Eier mit Speck
Ψωμί/ψωμάκι/τοστ	pso'mi/pso'maki/'tost	Brot/Brötchen/Toast
Κρουασάν	kruas'san	Hörnchen
Φρυγανιές	frigan'jäs	Zwieback
Βούτυρο	'wutiro	Butter
Τυρί	ti'ri	Käse
Λουκάνικο	lu'kaniko	Wurst
Ζαμπόν	sam'bon	Schinken
Μέλι	'mäli	Honig
Μαρμελάδα	marmä'laða	Marmelade
Γιαούρτι	ja'urti	Joghurt
… με καρύδια	mä ka'riðja	… mit Walnüssen
Φρούτα	'fruta	Obst

Greek	Pronunciation	German
Ελιές	ä'ljäs	Oliven
Φέτα	'fäta	Scheibe Ziegenkäse
Μελιτζάνα σαλάτα	mäli'dsana sa'lata	Auberginensalat
Ντολμαδάκια	dolma'ðakja	Gefüllte Weinblätter (kalt)
Γίγαντες	'jigandäs	Pferdebohnen
Γαρίδες	ga'ridäs	Krabben
Τυρόπιτα	ti'ropitta	Käsetasche
Σαγανάκι	saga'naki	Gebratene Käsescheiben
Κοτόσουπα	kot'tosupa	Hühnersuppe
ψαρόσουπα	psa'rosupa	Fischsuppe
Ταραμοσαλάτα	taramosa'lata	Fischeiersalat
Ζωμός κρέατος	so'mos 'kräatos	Kraftbrühe
Τοματόσουπα	toma'tosupa	Tomatensuppe
Λαχανόσουπα	lacha'nosupa	Gemüsesuppe
Μαγειρίτσα	maji'ritsa	Ostersuppe

Σαλάτες — SALATE

Σκορδαλιά	skorðal'ja	Kartoffel-Knoblauch-Püree
Τομάτα	to'mata	Tomate
Αγγουράκια	angu'rakja	Gurken
Χωριάτικη	chor'jatiki	Bauernsalat
Μαρούλισαλάτα	ma'ruli sa'lata	Römersalat
Τζατζίκι	dsa'dsiki	Cremiges Joghurt mit geriebenen Gurken und Knoblauch
Λαχανοσαλάτα	lachanosa'lata	Krautsalat
Πατατοσαλάτα	patatosa'lata	Kartoffelsalat
Άγρια Χόρτα	'agria 'chorta	Unkrautsalat (Löwenzahn, Huflattich und Brennessel)

Ψάρια — FISCHGERICHTE

Αστακός λαδολέμονο	asta'kos laðo'lämono	Hummer mit Öl- und Zitronensoße
Γαρίδες	ga'riðes	Krabben
Χταπόδι	Chta'poði	Krake
Μπαρμπούνια σχάρας	bar'bunia 'ßcharas	Rotbarben gegrillt
Γλώσσα τηγανητά	'glossa tijani'ta	Seezunge gebraten
Μύδια	'miðia	Muscheln
Καλαμαράκια τηγανητά	kalama'rakja tigani'ta	Tintenfische gebraten
Μπακαλιάρος φούρνου	baka'ljaros 'furnu	Stockfisch im Backofen
Πέστροφα	'pästroffa	Forelle
Σολομός	solo'mos	Lachs
Κακαβιά	kakaw'ja	Bouillabaisse
Καραβίδες	kara'wiðes	große Scampi
Χριστόψαρο	chris'topsaro	Petersfisch
Σκουμπρί	skum'bri	Makrele
Κολοιός	kol'jos	Makrele
Τσιπούρα	tsi'pura	Dorade
Φαγκρι	fan'gri	Zahnbrasse
Τόνος	'tonnos	Thunfisch
Ξηφίας	ksi'fias	Schwertfisch

Πουλερικά και άγρια — GEFLÜGEL UND WILD

Κότα μέ σούπα αύγολέμονο	'kota mä 'supa awgo'lämono	Huhn in Zitronensuppe
Κοτόπουλο ψητό	ko'topulo psi'to	Brathuhn
Γαλοπούλα ψητή	galo'pula psi'ti	Truthahn gebraten
Κουνέλι	ku'näli	Kaninchen

Φαγητά με κρέας — FLEISCHGERICHTE

Μπόν φιλέ	bon fi'lä	Lendenfilet
Παϊδάκια αρνίσια	paï'ðakja ar'nisia	Lammkotelett
Μπριζόλες χοιρινές	bri'soläs chiri'näs	Schweinekotelett
Σουτζουκάκια	sudsu'kakja	Würstchen
Σουβλάκι	su'wlaki	Fleischspieß
Σουβλάκια	su'wlakja	Kleine Fleischspieße
Μπιφτέκι	bi'ftäki	Gehacktes vom Grill
Αρνί ψητό	ar'ni psi'to	Lammbraten
Αρνί στό φούρνο	ar'ni sto 'furno	Lammfleisch im Backofen
Μοσχάρι κοκκινιστό	mos'chari kokkini'sto	Kalbfleisch gedämpft
Μοσχάρι ψητό	mos'chari psi'to	Kalbsbraten
Μιξτ Γκριλλ	'mikst 'gril	Gemischtes vom Grill
Γουρουνόπουλο	guru'nopulo	Spanferkel gebraten
Γύρος	'jiros	Diverse Fleischsorten am senkrechten Drehspieß
Βοδινό φιλέτο ψητό	woði'no fi'läto psi'to	Rinderfilet
Κατσίκι	kat'siki	Zicklein

Λαχανικά — GEMÜSEGERICHTE

Ντολμάδες	dol'maðäs	Gefüllte Weinblätter (warm)
λάχανο	'lachano	Weißkohl
Αγκινάρες	angi'naräs	Artischocken
Μελιτζάνες γεμιστές	mäli'dsanäs jämi'stäs	Gefüllte Auberginen
Τομάτες γεμιστές	to'matäs jämi'stäs	Gefüllte Tomaten
Πιπεριές γεμιστές	pipä'rjäs jämi'stäs	Gefüllte Paprikaschoten
Τουρλού	tur'lu	Bunter Gemüseeintopf
Φασολάκια	faso'lakja	Grüne Bohnen
Μουσακάς	mussa'kas	Auberginen-Fleisch-Auflauf
Μπάμιες	'bamjäs	Okras
Πιπεριές τηγανητές	pipä'rjäs tigani'täs	Paprika gebraten
Παστίτσιο	pa'stitsjo	Nudelauflauf mit Fleischfüllung
Κολοκυθάκια	koloki'θakja	Zucchini
Φασόλια	fas'solja	Weiße Bohnen
Πατάτες τηγανητές	pa'tatäs tigani'täs	Pommes frites
Σπανακόρυζο	spana'koriso	Spinat mit Reis

Επιδόρπια / NACHSPEISEN

Greek	Transcription	German
Μπακλαβάς	bakla'was	Blätterteig in Sirup mit Nußfüllung
Κρέμα	'kräma	Griespudding
Ρυζόγαλο	ri'sogalo	Reispudding
Σταφύλια	sta'filia	Trauben
Καρπούζι	kar'pusi	Wassermelone
Πεπόνι	pä'poni	Honigmelone
Ροδάκινα	ro'ðakina	Pfirsiche
Μήλο	'milo	Apfel
Αχλάδι	ach 'laði	Birne
Μούσμουλα	'mussmulla	Mispeln

Ποτά
Getränke

Αλκοολούχα ποτά / ALKOHOLISCHE GETRÄNKE

Ούζο	'uso	Anisschnaps
Άσπρο κρασί	'aspro kras'si	Weißwein
Κόκκινο κρασί	'kokkino kra'si	Rotwein
Χύμα	'chima	Wein vom Faß
Ξερό	kse'ro	trocken
Ημίγλυκο	i'miglikko	halbtrocken
Ρετσίνα	rä'tsina	Geharzter Weißwein
Κονιάκ	kon'jak	Weinbrand
Τσίπουρο	'tsippuro	Tresterschnaps
Μπύρα	'bira	Bier

Μη αλκοολούχα ποτά / ALKOHOLFREIE GETRÄNKE

Φραππέ	frap 'pä	Kalter Kaffee
Ελληνικός καφές	älini'kos ka'fäs	Griechischer Mokka
Τσάι	tsai	Tee
Πορτοκαλάδα	portoka'laða	Orangeade
Λεμονάδα	lämo'naða	Limonade
Μέταλλικό νερό	mättali'ko nä'ro	Mineralwasser